Anja Alwan, Kathrin Ebne

Lernzielkontrollen Deutsch 9./10. Klasse

Tests in zwei Differenzierungsstufen

Die Autorinnen:

Anja Alwan ist Lehrerin an einer kooperativen Gesamtschule im Taunus (Hessen) und unterrichtet dort Deutsch und Geschichte.

Kathrin Ebner ist Lehrerin an einer kooperativen Gesamtschule im Taunus (Hessen) und unterrichtet dort Deutsch, Geschichte und katholische Religion.

Gedruckt auf umweltbewusst gefertigtem, chlorfrei gebleichtem und alterungsbeständigem Papier.

1. Auflage 2018

Covergrafik: Julia Flasche
Satz: Satzpunkt Ursula Ewert GmbH, Bayreuth

ISBN: 978-3-403-20229-5

www.persen.de

Inhaltsverzeichnis

Einleitung

Heterogenität als Herausforderung
Individualisierung, Heterogenität, Kompetenzorientierung, gemeinsames Lernen, Differenzierung – das sind die großen Herausforderungen der Unterrichtsplanung und -umsetzung. Die zunehmende Heterogenität der Lerngruppen erfordert sowohl in integrativen als auch kooperativen Schulformen eine Differenzierung, um ein gemeinsames Lernen zu ermöglichen. Die Ausgangsbedingungen für das Lernen sind sehr unterschiedlich. Bereits seit den 1970er-Jahren steht der Grundsatz der Chancengleichheit im Zentrum der Bildungspolitik. So haben die Bildungseinrichtungen die unterschiedlichen Lernausgangslagen, Interessen, Motivationen und Fähigkeiten der Lernenden zu berücksichtigen, indem sie den Unterricht individualisieren und differenzieren. Aber nicht nur der Unterricht muss auf die unterschiedliche Lerngeschwindigkeit, Interessenslage, Motivationen und Lernvoraussetzungen der Schüler[1] abgestimmt werden, sondern auch die Leistungsmessungen.

Einsatz der Lernzielkontrollen
Die Lernzielkontrollen dieses Heftes decken die folgenden Kompetenzbereiche der Bildungsstandards Deutsch ab:

- Schreiben
- Lesen und Rezipieren – mit literarischen und unliterarischen Texten/Medien umgehen
- Sprache und Sprachgebrauch untersuchen und reflektieren

Die Lernzielkontrollen enthalten viele grundlegende Themen der Klasse 7 und 8. Die Tests eignen sich einerseits dazu, die Lernausgangssituation abzufragen oder aber den Lernstand zu überprüfen (z. B. vor einer Klassenarbeit). Allgemein erfolgte die Konzeption und Differenzierung der Lernzielkontrollen in Hinblick auf die Kompetenzanforderungsbereiche von Haupt- und Realschülern. Sie können aber auch in höheren Jahrgangsstufen (z. B. zur Wiederholung) eingesetzt werden.
Neben der Leistungsüberprüfung wird durch die Lernstandserhebungen den Lehrenden, Lernenden und den Eltern der Förderbedarf aufgezeigt, sodass gezielte und individuelle Fördermaßnahmen eingeleitet werden können.
Mithilfe der Lösungsseiten soll das Korrigieren erleichtert werden. Neben Musterlösungen gibt es Anregungen für individuelle Schülerlösungen sowie Checklisten. Die leichten Lernzielkontrollen sind in der Kopfzeile mit A, die schweren mit B gekennzeichnet.

Aufbau der einzelnen Lernzielkontrollen
Einige Lernzielkontrollen können die Schüler direkt auf dem Arbeitsblatt lösen. Für freiere Schreibaufgaben benötigen die Lernenden extra Seiten. Deshalb finden Sie am Ende des Buches eine linierte Seite als Kopiervorlage.

Des Weiteren haben wir uns darum bemüht, die Lernzielkontrollen in beiden Differenzierungsstufen ähnlich aufzubauen. Die Aufgabenstellungen berücksichtigen die verschiedenen Kompetenzstufen:

- Kompetenzstufe 1: Reproduktion (z. B. Abfragen von Regelwissen)
- Kompetenzstufe 2: Reorganisation (z. B. Anwendung von Regelwissen, einfache Schlussfolgerungen ziehen)
- Kompetenzstufe 3: Transfer (z. B. komplexe Schlussfolgerungen ziehen, einfache Probleme lösen)

Die Differenzierung erfolgt weitestgehend an denselben Inhalten bzw. Themenschwerpunkten. Dies soll Ihnen die Korrektur, aber auch den Vergleich erleichtern. Die Differenzierung erfolgt sowohl quantitativ als auch durch didaktische Reduktion (z. B. unterschiedliche Voraussetzung von Fachbegriffen). Außerdem wurden zur Differenzierung verschiedene Aufgabenformate gewählt. Die leichte Variante greift oftmals Aufgaben im geschlossenen Format (z. B. Multiple-Choice-Aufgaben) bzw. Aufgaben im halboffenen Format (z. B. Vervollständigung von Lückentexten) auf, während in der schweren Variante häufig auch Aufgaben im offenen Format (z. B. Produktion eigener Texte) vorzufinden sind. An die beiden unterschiedlichen Schwierigkeitsgrade der Lernzielkontrollen sind dementsprechend unterschiedliche Kompetenzanforderungen bzw. -niveaus gekoppelt.

Es wurde bewusst auf eine vorgegebene Punktverteilung verzichtet. Die Lehrpersonen erhalten somit die Möglichkeit, den Schwerpunkt der Lernzielkontrollen an ihre Lerngruppen anzupassen.

Wir hoffen, dass dieses Heft Ihnen Anregung und Unterstützung für eine differenzierte Leistungsabfrage bietet.

Anja Alwan und Kathrin Ebner

[1] Wir sprechen hier wegen der besseren Lesbarkeit von Schülern bzw. Lehrern in der verallgemeinernden Form. Selbstverständlich sind auch alle Schülerinnen und Lehrerinnen gemeint.

Lernzielkontrolle (A)	**Datum:** ______________________
Thema: Getrennt- und Zusammenschreibung	**Name:** ______________________

❶ Schreibe die passende Verb-Nomen-Verbindung in die Lücken. Manche musst du verändern.

Urlaub mit Freunden

Im Urlaub möchte Birthe mehr ______________________ (Sport treiben/sporttreiben/Sporttreiben), während ihr Mann lieber faul am ______________________ (Strand liegen/strandliegen/Strandliegen) möchte. Anja dagegen hasst es nur, wenn sie ______________________ (Treppen steigen/treppensteigen/Treppensteigen) muss. Manuel will abends mit Freunden am Strand ______________________ (Volleyball spielen/volleyballspielen/Volleyballspielen). Da das Büfett so lecker ist, wollen die Freunde durch Sport auf ihr Gewicht positiven ______________________ (Einfluss nehmen/einflussnehmen/Einflussnehmen).

❷ a) Trenne die Wörter ab. Markiere die Wortgrenzen durch einen Strich.

GARNICHTBITTERBÖSESÜßSAUERZUVIELSPORTBEGEISTERTIRGENDWO

b) Schreibe zu jedem abgetrennten Wort einen passenden Satz.

❸ Streiche die jeweils falsche Schreibung durch.

a) In Venedig kannst du abends sehr schön spazieren fahren/spazierenfahren.

b) Mario liebt es, sich mit Freunden in den Pizzerien zu treffen, auch wenn dann etwas Arbeit liegen bleibt/liegenbleibt.

c) Im Sommer hasst er Venedig, denn die Touristenmassen sind nicht auszuhalten/nichtauszuhalten.

d) In dieser Zeit verabschiedet er sich wie viele/wieviele Venezianer aus der Stadt.

e) Mit 30 Millionen Touristen jährlich ist die Stadt völlig über laufen/völlig überlaufen.

f) Die Auswirkungen dieser Menschenmassen kann noch keiner vorher sagen/vorhersagen.

g) Boote haben in Venedig einen Stellenwert wie wo anders/woanders ein Auto.

Lernzielkontrolle (B)	**Datum:** ______________________
Thema: Getrennt- und Zusammenschreibung	**Name:** ______________________

1 **Ergänze die passenden Nomen-Verb-Verbindungen im Lückentext.**

Strand liegen/strandliegen/Strandliegen • Sport treiben/sporttreiben/Sporttreiben • Volleyball spielen/volleyballspielen/Volleyballspielen • Einfluss nehmen/einflussnehmen/Einflussnehmen • Treppen steigen/treppensteigen/Treppensteigen

Urlaub mit Freunden

Im Urlaub möchte Birthe mehr ______________________, während ihr Mann

lieber faul am ______________________ möchte.

Anja dagegen hasst es nur, wenn sie ______________________ muss.

Manuel will abends mit Freunden am Strand ______________________.

Da das Büfett so lecker ist, wollen die Freunde durch Sport auf ihr Gewicht positiven

______________________.

2 a) **Trenne die Wörter ab. Markiere die Wortgrenzen durch einen Strich.**

GARNICHTBITTERBÖSESÜẞSAUERZUVIELSPORTBEGEISTERTIRGENDWOÜBERHAUPTNICHT

b) **Schreibe zu jedem abgetrennten Wort einen passenden Satz.**

3 **Streiche die jeweils falsche Schreibung durch und erkläre mit deinem Regelwissen, warum das Wort so geschrieben wird.**

a) In Venedig kannst du abends sehr schön spazieren fahren/spazierenfahren.

b) Mario liebt es, sich mit Freunden in den Pizzerien zu treffen, auch wenn dann etwas Arbeit liegen bleibt/liegenbleibt.

c) Im Sommer hasst er Venedig, denn die Touristenmassen sind nicht auszuhalten/nichtauszuhalten.

d) In dieser Zeit verabschiedet er sich wie viele/wieviele Venezianer aus der Stadt.

e) Mit 30 Millionen Touristen jährlich ist die Stadt völlig über laufen/völlig überlaufen.

f) Die Auswirkungen dieser Menschenmassen kann noch keiner vorher sagen/vorhersagen.

g) Boote haben in Venedig einen Stellenwert wie anders wo/anderswo ein Auto.

h) Das Spazieren gehen/Spazierengehen an der Uferpromenade Zattere ist sehr schön.

i) Das Dorf Asolo befindet sich auf dem Festland und ist von grünen Hügeln um rundet/umrundet.

j) Aber dieses Dorf ist bei den Lagunenbewohnern verpönt, was schwer verständlich/schwerverständlich ist.

Lernzielkontrolle (A)	**Datum:** ____________________
Thema: Rechtschreibstrategien anwenden	**Name:** ____________________

1 **Finde die passende Strategie (A–E), die du zur korrekten Schreibung der markierten Stelle anwendest und trage sie in die Tabelle ein.**

A Ich achte auf die Vor- oder die Nachsilbe.
B Ich bilde die Mehrzahl des Wortes und beachte die Endung.
C Ich beachte den Wortursprung.
D Ich überprüfe die Wortart.
E Ich achte auf die Vokallänge.

	Strategie
1. Endlich steht die Entscheidung fest.	
2. Oma kauft Opa einen neuen Gartenzwerg.	
3. Anton gräbt im Wald nach antiken Münzen.	
4. Beim Laufen sah sie einen Hirsch.	
5. Hast du die Miete schon überwiesen?	
6. Das Mammut stammt aus der Urzeit.	
7. Sie vergaß ihre Hausaufgaben.	
8. Du hast Nutella am Kinn.	
9. Er verliebte sich in ihr Lachen.	

2 **Trage die fehlenden Konsonanten in die Lücken ein.**

a) Täglich posten über 200 Mi________ionen Mitglieder auf Instagram ihre Storys.

b) Neue Updates und die zunehmende Bekanntheit von Apps sorgen dafür, dass die Nutzerza________l steigt.

c) Nicht nur Privatpersonen sind auf beliebten Onlineplattformen zu finden. Auch Unternehmen machen dort flei________ig Werbung.

d) Sehr beliebt sind bei vielen Nutzern Fi________ter, die Personen in niedliche Tiere verwandeln.

e) Doch gerade als junger Mann sollte man aufpa________en.

f) Hundeohren sind zwar bei den Mädchen beliebt, aber sie finden diese bei Jungen sehr una________raktiv.

3 ***Dass*** **oder** ***das?***

a) Ich denke, ____________ du mir später noch eine Nachricht schreibst.

b) ____________ ich nichts mehr von dir gehört habe, enttäuscht mich sehr.

c) ____________ alte Handy von Mama, ____________ sie immer noch behält, kann nur zehn SMS speichern.

Lernzielkontrolle (B)	**Datum:** ____________________
Thema: Rechtschreibstrategien anwenden	**Name:** ____________________

1 **Erkläre folgende Rechtschreibstrategien in eigenen Worten und denke dir ein passendes Beispiel aus.**

● Ableiten	● Verlängern	● Zerlegen

2 **Überarbeite den folgenden Text. Schreibe ihn fehlerfrei ab. *Es gibt 14 Rechtschreibfehler.***

Täglich posten über 200 Milionen Mitglieder auf Instagram ihre Storys. Neue Updates und die zunehmende Bekanntheit von Appss sorgen dafür, dass die Nutzerzall steigt. Auch Unternehmen machen dort fleissig Werbung. Schon seid einiger Zeit diskutieren Verbraucherschützer in Deutschland über ein Werbeferbot für Firmen in Apps. Eine Umfrage ergab, das Nutzer von persönlicher Werbung generft sind. Besonders beliebt dagegen sind Fillter, die Personen in nidliche Tiere verwandeln. Doch gerade als junger Man sollte man aufpasen. Hundeohren sind zwar bei den Medchen beliebt, aber sie finden diese bei Jungs sehr unatraktiv.

3 ***Dass* oder *das*? Setze die richtige Schreibweise ein und bestimme die Wortart (A = Artikel, K = Konjunktion, R = Relativpronomen, D = Demonstrativpronomen).**

a) __________ (= __________) Smartphone bestimmt bei vielen Menschen __________ (= __________) Leben.

b) Gerade ältere Menschen brauchen aber oft Hilfe, da __________ (= __________) Bedienen des Smartphones nicht immer einfach ist.

c) Es gibt keine Generation von Jugendlichen, die in ihrer Freizeit freiwillig so viel gelesen oder geschrieben hat, __________ (= __________) Experten sich wundern, warum die Rechtschreibleistung bereits seit Jahren sinkt.

d) __________ (= __________) __________ (= __________) richtige Schreiben aber für viele Jugendliche nicht von Bedeutung ist, belegen neueste Umfragen.

e) Ein neuer Trend zeigt __________ (= __________) Mädchen, __________ (= __________) an der Bushaltestelle Sprachnachrichten auf ihrem Smartphone aufnimmt.

f) __________ (= __________) Sprachnachrichten die Kommunikation erleichtern, da es weniger Missverständnisse gibt, konnten Wissenschaftler der Uni Köln bestätigen. __________ (= __________) war den Jugendlichen schon längst klar!

g) So bleibt abzuwarten, ob sich __________ (= __________) langfristig durchsetzen kann.

Lernzielkontrolle (A)	**Datum:** ________________
Thema: Satzverknüpfungen	**Name:** ________________

1 Fasse die zwei Hauptsätze geschickt zusammen.

Wähle dazu die passenden Satzverknüpfungen aus:
denn – welcher – während – weil – da – obwohl – dagegen – währenddessen

a) Mädchen und Jungen für neue Berufswege zu interessieren, das ist das Ziel des jährlichen Girls' und Boys' Days. Er findet seit 2001 statt.

b) Dieser Tag ermöglicht es Jungen und Mädchen, in neue Berufsfelder einzutauchen. Die meisten Berufe kennen die Mädchen und Jungen kaum.

c) So können sich Mädchen z. B. in naturwissenschaftlich-technischen Berufen umsehen. Jungen können z. B. einen Einblick in soziale, erzieherische oder pflegerische Bereiche erhalten.

d) Unsere Schule hat alle 7. Klassen verpflichtet, daran teilzunehmen. Alle 7. Klassen bekommen so die Chance, neue Eindrücke zu erhalten.

e) Dieser Tag ist wichtig für die zukünftige Berufswahl. Die Berufswahl überfordert viele Jugendliche und so wählen sie nur ihnen bekannte Berufe.

2 Verbinde die folgenden Sätze durch passende Konjunktionen oder Adverbien.

Auch im Jahr 2017 gibt es typische Männer- und Frauenberufe. Frauen sehen vor allem im Bereich der Erziehung und Pflege ihre Berufung, ________________ sie gern mit Menschen arbeiten. Außerdem suchen sie sich häufig einen Beruf, ________________ gut mit einer Familie vereinbar ist. Diese Berufswahl führt auch oft dazu, ________________ Frauen ein geringeres Einkommen haben. Der Girls' und Boys' Day wird organisiert, ________________ Mädchen und Jungen in „untypische" Berufe eintauchen können.

Auch im Jahr 2017 erfordert es Mut für Jungen und für Mädchen, einen Beruf auszuwählen, ________________ dieser nicht gängigen Klischees entspricht. Die Realität zeigt, dass nicht jeder Friseur homosexuell und nicht jede Frau technisch unbegabt ist. Nach wie vor werden Frauen auch im Jahr 2017 schlechter bezahlt als Männer, ________________ sie die gleiche Arbeit leisten. Auch das ist ein Kriterium bei der Berufswahl und sollte sich dringend ändern.

3 Verbinde die Sätze miteinander, indem du dass-Sätze formulierst. Denke an die Kommata.

a) Frauen wählen und erlernen andere Berufe als Männer. Das zeigt eine Studie der Universität Frankfurt.

b) Auch technische Berufe können Spaß machen. Dies soll der Girls' Day zeigen.

c) Erzieher, Krankenpfleger oder Verkäufer sind interessante und abwechslungsreiche Berufe. Dies soll der Boys' Day zeigen.

d) Ihre Berufsvorstellung ist vom eigenen Geschlecht geprägt. Jugendliche sollen dies erkennen.

Lernzielkontrolle (B)	**Datum:** ____________
Thema: Satzverknüpfungen	**Name:** ____________

1 Fasse die zwei Hauptsätze geschickt zusammen.

a) Mädchen und Jungen für neue Berufswege zu interessieren, das ist das Ziel des jährlichen Girls' und Boys' Days. Er findet seit 2001 statt.

b) Dieser Tag ermöglicht es Jungen und Mädchen, in neue Berufsfelder einzutauchen. Die meisten Berufe kennen sie kaum.

c) So können sich Mädchen z. B. in naturwissenschaftlich-technischen Berufen umsehen. Jungen können z. B. einen Einblick in soziale, erzieherische oder pflegerische Bereiche erhalten.

d) Unsere Schule hat alle 7. Klassen verpflichtet, daran teilzunehmen. Alle 7. Klassen bekommen so die Chance, neue Eindrücke zu erhalten.

e) Dieser Tag ist wichtig für die zukünftige Berufswahl. Die Berufswahl überfordert viele Jugendliche und so wählen sie nur ihnen bekannte Berufe.

f) Doch es gibt sehr viele verschiedene Berufsmöglichkeiten. Im Jahr 2017 sollten Berufsmöglichkeiten nicht mehr vom Geschlecht abhängig sein.

2 Streiche im folgenden Text alle Füllwörter.

Mir ist durchaus bewusst, dass Sie ja eine Fülle von Bewerbungen erhalten. Allerdings bin ich der festen Überzeugung, dass meine recht guten schulischen Qualifikationen Sie überzeugen werden. Ich fahre übrigens in den Ferien nicht in den Urlaub, sodass wir durchaus zeitnah ein Bewerbungsgespräch durchführen können.

3 Verbinde die Sätze miteinander, indem du dass-Sätze formulierst. Denke an die Kommata.

a) Frauen wählen und erlernen andere Berufe als Männer. Das zeigt eine Studie der Universität Frankfurt.

b) Auch technische Berufe können Spaß machen. Dies soll der Girls' Day zeigen.

c) Erzieher, Krankenpfleger oder Verkäufer sind interessante und abwechslungsreiche Berufe. Dies soll der Boys' Day zeigen.

d) Ihre Berufsvorstellung ist vom eigenen Geschlecht geprägt. Jugendliche sollen dies erkennen.

e) Lebenslang ein und denselben Beruf auszuführen, ist in Zukunft fast unmöglich. Wissenschaftler warnen davor, beruflich unflexibel zu sein.

f) Unternehmen stellen gern bekannte Arbeitskräfte ein. Dies haben Arbeitsmarktforscher herausgefunden.

Lernzielkontrolle (A)	**Datum:** ____________________
Thema: Indirekte Rede	**Name:** ____________________

1 **Unterstreiche im folgenden Bericht die direkte Rede und unterkringle die indirekte Rede.**

In unserem Interview mit der Schülerzeitung erklärte Prof. Dr. Lieblich, dass es keine allgemeingültige Definition für Intelligenz gebe. Aber er habe großes Interesse, diese Frage mit uns zu diskutieren. „Die Wissenschaft unterscheidet fünf Formen von Intelligenz: die sprachliche, die mathematische, die technische, die musische und die emotionale. Außerdem spielt natürlich auch die Geschwindigkeit eine Rolle, in der man Informationen verarbeiten kann", meint er. „Und umfasst die künstliche Intelligenz all diese fünf Formen?" Seit man 1956 auf einer Konferenz zum ersten Mal Maschinen präsentierte, die Schach und Dame spielen konnten, spräche man von künstlicher Intelligenz. Bereits 2006 habe ein Programm den Menschen im komplexen asiatischen Brettspiel Go geschlagen, was bis dahin undenkbar gewesen sei. „Diese Idee wird gegenwärtig immer weiter verfeinert, u.a. durch hohe Investitionen. Des Weiteren werden von den Maschinen unfassbare Datenmengen verarbeitet, sie werden dadurch praktisch immer klüger, um nicht zu sagen, immer menschenähnlicher. Für manches reicht den Maschinen ein einfaches Update, wofür der Mensch monatelang lernen muss, z.B. für eine Abschlussprüfung." Das mache ihm ein wenig Angst. Dass Maschinen moralisch handeln, daran glaube der Professor nicht. „Aber Menschen handeln auch nicht immer moralisch korrekt, so bleibt am Ende die Frage, ob wir Menschen somit die besseren Maschinen seien, unbeantwortet", denkt Prof. Dr. Lieblich.

2 **Forme die folgenden Gedanken von Prof. Dr. Lieblich in die indirekte Rede um.**

a) In Zukunft managt ein Roboter Industrieanlagen und hilft im Haushalt.

b) Die Maschinen sind Partner und zugleich Konkurrenten.

c) Einige Arbeitsplätze sterben in naher Zukunft aus.

d) Dafür entstehen wiederum neue Arbeitsplätze.

e) Die Maschinen sprechen alle Sprachen dieser Welt.

f) Neue Wörter, neue Bewegungen oder neue Geräusche lernen die Maschinen dazu.

3 **Wandle den folgenden Satz in direkte Rede um.**

Prof. Dr. Lieblich meinte, dass Maschinen sich auch langweilen können, dann würden sie permanent *langweilig* sagen, bis man sich wieder mit ihnen beschäftigt. Dies könne mit der Zeit auch sehr anstrengend sein, schließlich sei man nicht der Babysitter eines Roboters.

4 **Wandle die folgenden Sätze in Wünsche um.**

a) Es gibt nicht ausreichende Studien zu den negativen Aspekten der künstlichen Intelligenz.

b) Nicht alle Menschen werden sich einen Roboter leisten können.

Lernzielkontrolle (B)	**Datum**: ____________
Thema: Indirekte Rede	**Name**: ____________

1 **Formuliere einen Text für die Schülerzeitung. Verwende dabei ausschließlich die indirekte Rede und schreibe abwechslungsreich.**

Frage: „Was ist Intelligenz?"

Prof. Dr. L: „Dafür gibt es keine allgemeingültige Definition! Die Wissenschaft unterscheidet fünf Formen von Intelligenz: die sprachliche, die mathematische, die technische, die musische und die emotionale. Außerdem spielt natürlich auch die Geschwindigkeit eine Rolle, in der man Informationen verarbeiten kann."

Frage: „Und umfasst die künstliche Intelligenz all diese fünf Formen?"

Prof. Dr. L.: „Seit man 1956 auf einer Konferenz zum ersten Mal Maschinen präsentierte, die Schach und Dame spielen konnten, sprach man von künstlicher Intelligenz. Bereits 2006 hat ein Programm den Menschen im komplexen asiatischen Brettspiel Go geschlagen, was bis dahin undenkbar gewesen ist. Diese Idee wird gegenwärtig immer weiter verfeinert, unter anderem durch hohe Investitionen. Des Weiteren verarbeiten die Maschinen unfassbare Datenmengen, sie werden dadurch praktisch immer klüger, um nicht zu sagen, immer menschenähnlicher. Für manches reicht den Maschinen ein einfaches Update, wofür der Mensch monatelang lernen muss, z. B. für eine Abschlussprüfung."

Frage: „Ist das nicht auch ein wenig beängstigend?"

Prof. Dr. L.: „Natürlich macht mir das auch ein wenig Angst. Ganz ersetzen kann die Maschine den Menschen trotzdem nicht, denn Menschen handeln nun einmal nicht immer gleich bzw. haben unterschiedliche Moralvorstellungen. Aber Menschen handeln auch nicht immer moralisch korrekt, so bleibt am Ende die Frage, ob wir Menschen somit die besseren Maschinen sind, unbeantwortet."

Frage: „Was wünschen Sie sich für die Zukunft?"

Prof. Dr. L.: „Eine Verantwortung der Wissenschaft gegenüber den Menschen. Es sollte möglich sein, dass sich jeder Haushalt einen Roboter leisten kann und die Vereinfachung des Lebens nicht vom finanziellen Rahmen abhängt. Gleichzeitig hoffe ich, dass die ganzen Filmemacher unrecht behalten und die Maschinen nicht den Menschen übertrumpfen oder gar ausrotten."

Lernzielkontrolle (A)	**Datum:** ____________________
Thema: Kommasetzung	**Name:** ____________________

1 **Wähle die richtige Begründung (A–D) aus, aus der hier ein Komma stehen muss.**

A Das Komma trennt den Relativsatz vom Hauptsatz.

B Das Komma trennt den konjunktionalen Nebensatz vom Hauptsatz.

C Das Komma trennt Hauptsätze einer Satzreihe.

D Das Komma trennt wörtliche Rede von Redebegleitsätzen.

Hinweis: Einige Begründungen können zu mehreren Sätzen passen, andere zu keinem. Schreibe zu jedem Satz nur eine deiner Meinung nach passende Begründung auf.

	Begründung
Frau Alwan hat einen Kater, denn sie mag Tiere.	
Weil die Schüler lernten, schafften sie ihre Prüfung mit links.	
Das Mädchen, das neben Luis sitzt, heißt Chana.	
„Wann schreiben wir die Mathearbeit?“, fragt Max.	

2 **Erkläre, was der Werbegrafiker hier vergessen hat und wie es den Sinn des Satzes ändert:**

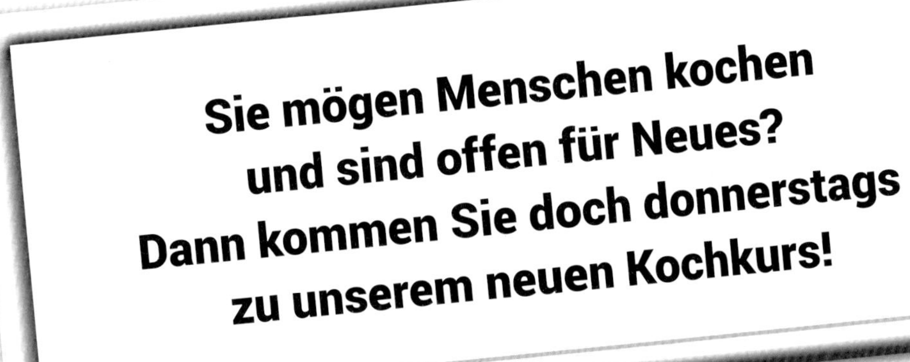

3 **Erkläre den Bedeutungsunterschied der folgenden Sätze.**

a) Komm, wir essen Oma. / Komm, wir essen, Oma.

b) Nicht, aufhören! / Nicht aufhören!

c) Er will sie nicht. / Er will, sie nicht.

4 **Setze die fehlenden Kommata, falls nötig.**

a) Autsch der Tee war noch sehr heiß!

b) Für den Abschlussstreich brauchen wir noch ein Motto Musik Alkohol Spiele und Seifenblasen.

c) Du wirst die Prüfung vielleicht schaffen obwohl du nicht viel gelernt hast.

d) Dass das Ende der Schulzeit so anstrengend sein wird hat mir niemand gesagt.

Lernzielkontrolle (B) | **Datum:** ______________

Thema: Kommasetzung | **Name:** ______________

❶ Begründe, warum hier ein Komma stehen muss.

a) Frau Alwan hat einen Kater, denn sie mag Tiere.

b) Weil die Schüler lernten, schafften sie ihre Prüfung mit links.

c) Das Mädchen, das neben Luis sitzt, heißt Chana.

d) „Wann schreiben wir die Mathearbeit?“, fragt Max.

e) Mohammed mag Kirschen, aber keine Kirschpralinen.

❷ Erkläre den Bedeutungsunterschied der folgenden Sätze.

a) Mädchen denken, Jungs sind ohne sie hilflos. / Mädchen, denken Jungs, sind ohne sie hilflos.

b) Nicht, aufhören! / Nicht aufhören!

c) Er will sie nicht. / Er will, sie nicht.

d) Komm, wir essen Oma. / Komm, wir essen, Oma.

e) Lehrer sagen, Schüler haben es gut. / Lehrer, sagen Schüler, haben es gut.

❸ Setze die fehlenden Kommata, falls nötig.

a) Autsch der Tee war noch sehr heiß!

b) Für den Abschlussstreich brauchen wir noch ein Motto Musik Alkohol Spiele und Seifenblasen.

c) Du wirst die Prüfung vielleicht schaffen obwohl du nicht viel gelernt hast.

d) Dass das Ende der Schulzeit so anstrengend sein wird hat mir niemand gesagt.

e) Frau Freitag unsere Lieblingslehrerin fährt dieses Jahr mit auf Abschlussfahrt.

f) Frau Freitag freut sich nicht so richtig denn eine Abschlussfahrt bedeutet immer wenig Schlaf.

Lesetext Lernzielkontrolle Textsortenumwandlung – Perspektivisches Schreiben

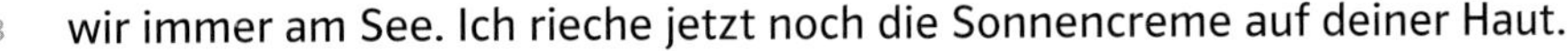

Ich sitze in der Straßenbahn. Höre Musik. Unser Lied wird von der Vibration meines Handys unterbrochen. Du schreibst mir. Insgesamt 344 Nachrichten. Du schreibst mir ständig. Ich antworte nicht. Du hast viele Fragen. Ich aber keine Antworten. Ich will die Nachrichten nicht lesen. Warum blockiere ich dich nicht einfach? Das Lied erinnert mich an die Ferien. Unsere letzten Sommerferien. Das Lied hörten wir immer am See. Ich rieche jetzt noch die Sonnencreme auf deiner Haut. Meine nackten Füße berühren in Gedanken das weiche Gras. Ich höre dein Lachen. Im Hintergrund unser Lied. Jetzt ganz nah an meinem Ohr. Ich muss aussteigen. In gut 15 Minuten beginnt meine Schicht. Du hast gerade die erste Stunde Mathe. Die S-Bahn-Stimme ertönt: Hauptwache. Alle erheben sich. Im Augenwinkel sehe ich dieses Blau. Beim Einfahren der Bahn. Ich weiß sofort, es ist dein Blau. Das Blau deiner Jacke. Ich schaue auf die andere Seite des Fensters. Ich steige nicht aus. Du schwänzt Mathe. Ich werde zu spät kommen. Mindestens 29 Minuten. Zum dritten Mal in diesem Monat. Du wartest vergeblich. Du wirst dich fragen, ob ich krank bin oder dir aus dem Weg gehe. Ich denke an das letzte Festival ohne dich. Du warst am See. Wartend. Wir waren verabredet. Aber ich bin nicht gekommen. Ich kam einen Tag früher aus dem Urlaub. Ich wollte dich überraschen und dann sehe ich diesen fremden Arm auf deinem Blau. Da war zuvor immer nur mein Arm. Ich habe mein Handy abgeschaltet. Ich musste weg. Ich wusste, wir fahren weder zum See noch zum Festival. Wir haben uns nichts mehr zu sagen. Du hast viele Fragen. Ich keine Antworten. Auf dem Festival legte ich meinen Arm auf ein anderes Grün. Kein Blau. Nicht du. Fremde Lippen berührten meine. Aber es waren nicht deine, auch wenn ich meine Augen schloss. Trotzdem ließ ich nicht von den fremden Lippen ab. Auf deinem Blau war nun auch ein fremder Arm. Ich hatte keine Fragen. Für mich war das klar. Für dich bleiben nur Fragezeichen. Die S-Bahn-Stimme ertönt erneut: Konstablerwache. Ich will aussteigen. Im Augenwinkel sehe ich dein Blau. Ich steige schnell aus. 48 Minuten Verspätung kann ich mir nicht leisten. Du fährst zur Schule. Du wirst Ärger bekommen. Ich werde Ärger bekommen. Du wirst also 63 Minuten zu spät sein. Der Spießer hat dich bereits eingetragen. Ich höre die erlösenden drei Pieptöne. Die Türen schließen sich jetzt. Ich beeile mich. Du sagst meinen Namen. Ich will mich nicht umdrehen. Es passiert automatisch. Du lächelst. Ich kann dir nicht in die Augen sehen. In sieben Minuten beginnt meine Schicht. Die nächste S-Bahn fährt ein. Es werden mehr als 29 Minuten Verspätung bei mir und mehr als 63 Minuten bei dir sein. Du weißt es. Ich weiß es.

Lernzielkontrolle (A) 1 **Datum:** ____________

Thema: Textsortenumwandlung – Perspektivisches Schreiben **Name:** ____________

❶ **Lies den Text aufmerksam durch.**

❷ **Überlege dir eine passende Überschrift und notiere sie auf der Linie über dem Text.**

❸ **Schreibe zu jeder Hauptfigur jeweils vier passende Adjektive auf und gib die Zeile an, die das verdeutlicht.**

Ich		Du	
	Z.		Z.
	Z.		Z.
	Z.		Z.
	Z.		Z.

❹ a) **Wie schätzt du das Verhältnis der beiden Hauptfiguren <u>in der Vergangenheit</u> ein? Notiere dahinter die Zeilenangaben, die das verdeutlichen.**

b) **Wie schätzt du das Verhältnis der beiden Hauptfiguren <u>in der aktuellen Situation</u> am Bahnsteig ein? Notiere dahinter die Zeilenangaben, die das verdeutlichen.**

❺ a) **Vervollständige den folgenden Dialog zwischen den beiden Figuren aus dem Text.**

Ich: „Guten Morgen!"

Du: ______________________________

Ich: „Was machst du hier? Warum bist du nicht im Matheunterricht?"

Du: ______________________________

Ich: „Ich habe deine Nachrichten bekommen. Aber ich wollte dir nicht antworten."

Du: „Warum nicht?"

Ich: ______________________________

Du: „Ich habe wegen dir schon bestimmt acht unentschuldigte Fehlstunden eingetragen bekommen!"

Ich: ______________________________

Du: „Ich will doch einfach nur, dass alles so ist wie früher!“

Ich: ____________

Du: ____________

b) Ergänze vier selbst ausgedachte Fragen und Antworten.

Lernzielkontrolle (B) **Datum:** ____________________

Thema: Textsortenumwandlung – Perspektivisches Schreiben **Name:** ____________________

❶ **Lies den Text aufmerksam durch.**

❷ **Überlege dir eine passende Überschrift und notiere sie auf der Linie über dem Text.**

❸ **Schreibe zu jeder Hauptfigur jeweils vier passende Adjektive auf und gib die Zeile an, die deine Meinung verdeutlicht.**

____

____

____

____

____

____

❹ **Erkläre anhand von zwei passenden Zitaten aus dem Text, wie sich die Beziehung der beiden Hauptfiguren in Vergangenheit und der Gegenwart darstellt.**

____

____

____

____

____

____

____

____

____

❺ **Schreibe einen passenden Dialog aus der Sicht der beiden Hauptfiguren auf.**

Schreibe mindestens 200 Wörter.

Tipp: Lies den Text noch einmal aufmerksam durch. Markiere ggf. Gefühle und Gedanken der beiden Hauptfiguren in unterschiedlichen Farben, sodass du die Informationen aus dem Text für deinen Dialog nutzen kannst. Überlege dir auch, wer was weiß und was die Figuren preisgeben wollen. Du kannst den beiden Hauptfiguren Namen geben.

Du kannst so beginnen:

Ich (etwas verwundert): „Guten Morgen!"

____

Lesetext Lernzielkontrolle Eine Argumentation verfassen

Erleichtert das Internet das Lernen oder verblöden Kinder vor dem Bildschirm?

Schüler, Lehrkräfte, Eltern und Bildungsexperten wurden befragt, ob sie denken, dass das Internet Einfluss auf den Schulerfolg hat.

Frau Weber: „Also, ich denke schon, dass das Internet heutzutage auch mal sinnvoll genutzt werden kann. Ich selbst bin alleinerziehend und habe nach der Arbeit weder Lust noch Zeit, mich mit Hausaufgaben oder Lernstoff auseinanderzusetzen. Internetportale mit Lernvideos helfen meiner Tochter, v.a. in Mathe, enorm. Seit sie diese gezielte Unterstützung nutzt, versteht sie den gelernten Stoff aus der Schule viel besser und wir sind insgesamt nicht so gestresst. Also kann ich persönlich mit gutem Gewissen sagen, dass das Internet das Lernen erleichtern und Noten verbessern kann!"

Steffen: „Ohne meine Kumpels online würde ich die Hausaufgaben oft nicht mal im Ansatz verstehen. Und auch in Latein nutze ich Texte, die andere übersetzt haben. Oftmals verstehe ich es deshalb nicht. Ich gebe es zu, ich schreibe sie ab, um keinen Hausaufgabenstrich zu bekommen. Aber auch das ist für mich Schulerfolg."

Ali: „Bücher nutze ich zur Recherche eigentlich gar nicht mehr. Allerdings bin ich in vielen Themen einfach kein Experte. Ich verlasse mich also auf die Infos aus dem Netz. Gerade bei meinem letzten Referat passierte dabei ein peinlicher Fehler und kostete mich eine gute Note. Da habe ich mich sehr geärgert. Heute weiß ich, dass ich mich auch analog hätte informieren können oder müssen. Das Internet an sich ist also keine Garantie für Schulerfolg, erleichtert es aber enorm."

Michelle: „Ich hatte immer Probleme mit den Vokabeln. Durch das Onlinelernprogramm habe ich meine Note sehr schnell verbessert. Das Lernen ist ganz anders und nicht so langweilig!"

Lernexperte Prof. Dr. Kuhnert: „Das spielerische, altersgerechte Üben und Ausprobieren kann auch zu unbewussten Lernvorgängen führen, sodass der Stoff ohne trockenes und mühsames Lernen im traditionellen Sinn verinnerlicht wird. Die abwechslungsreiche Aufbereitung des Lernstoffs sorgt außerdem dafür, dass sich Kinder gern mit den Inhalten beschäftigen und die kindliche Neugier zum Weiterrecherchieren und Ausprobieren geweckt wird. Des Weiteren lernen Schüler sehr schnell, dass einfaches Kopieren von Inhalten, und somit eine Verletzung der Urheberrechte, Konsequenzen nach sich zieht, schließlich ist das Betrug. Neben den Schlüsselqualifikationen in digitalen Medien trainieren Kinder und Jugendliche somit, Wichtiges von Unwichtigem und Seriöses von Unseriösem zu unterscheiden. In der zukünftigen Berufswelt eine unabdingbare Kompetenz."

Bildungsexperte Dr. Belz: „Das Internet ist eine Erleichterung. Es kann als Hilfe zur Selbsthilfe genutzt werden, denn viele Dinge werden dort kind- oder jugendgerecht aufgearbeitet. Durch die Möglichkeit, ohne viel Aufwand heutzutage überall selbst zu recherchieren, werden die Schüler oftmals viel selbstständiger. Allerdings ist das nur eine Möglichkeit von vielen. Das Internet kann auch zum Schummeln und Betrügen animieren, ich denke nur an die TOP 10 der Spickmöglichkeiten oder das Abschreiben. Aber das gab es auch ohne Internet und wird es auch immer geben."

Lernzielkontrolle (A)	**Datum:** ______________
Thema: Eine Argumentation verfassen	**Name:** ______________

1 **Lies die Aussagen aufmerksam durch.**

2 **Markiere Pro- und Kontraargumente zur Frage „Verhilft das Internet zu mehr Schulerfolg?" in zwei unterschiedlichen Farben.**

3 **a) Fülle auf Grundlage deiner Ergebnisse aus 2. stichwortartig die Pro-und-Kontra-Tabelle aus.**

Pro: *Ja, Internet verhilft zu mehr Schulerfolg.*	**Kontra:** *Nein, die Internetnutzung bringt Probleme und keinen Schulerfolg mit sich.*
______________	______________
______________	______________
______________	______________
______________	______________
______________	______________
______________	______________
______________	______________
______________	______________
______________	______________
______________	______________
______________	______________
______________	______________

b) Welche Meinung hast du zu diesem Thema? Notiere sie stichwortartig.

c) Bewerte jeweils drei Argumente der Pro- und drei Argumente der Kontraseite nach ihrer Stärke.
(+++, ++, +, – , – – , – – –) Trage diese Zeichen in deine Tabelle oben neben den Stichpunkten ein.

4 **Verfasse nun eine schlüssige Argumentation zur Fragestellung: Verhilft das Internet zu mehr Schulerfolg?**

Denke an eine interessante Einleitung mit der Fragestellung und gehe im Schluss auf deine persönliche Meinung ein oder sprich eine persönliche Empfehlung aus. Jedes Argument sollte klar ausformuliert werden und ein passendes Beispiel aufweisen. ***Zähle zum Schluss alle Wörter.***

Lernzielkontrolle (B)	**Datum:** ______________________
Thema: Eine Argumentation verfassen	**Name:** ______________________

1 **Lies die Aussagen aufmerksam durch.**

2 **a) Erstelle eine Pro-und-Kontra-Tabelle zur Frage „Verhilft das Internet zu mehr Schulerfolg?“ und fülle diese stichwortartig aus. Du kannst auch eigene Argumente ergänzen.**

Pro: *Ja, Internet verhilft zu mehr Schulerfolg.*	**Kontra:** *Nein, die Internetnutzung bringt Probleme und keinen Schulerfolg mit sich.*

b) Welche Meinung hast du zu diesem Thema? Notiere sie stichwortartig.

c) Bewerte jeweils drei Argumente der Pro- und drei Argumente der Kontraseite nach ihrer Stärke.
(+++, ++, +, – , – – , – – –) Trage diese Zeichen in deine Tabelle ein.

4 **Verfasse eine Argumentation zur Fragestellung: Verhilft das Internet zu mehr Schulerfolg?**

Beziehe in deine Argumentation auch die folgende Statistik mit ein.

Denke an eine interessante Einleitung mit der Fragestellung und gehe im Schluss auf deine persönliche Meinung, Trends, einen Wunsch oder deine Zukunftsvision zum Thema ein.

Jedes Argument sollte klar ausformuliert werden und ein passendes Beispiel aufweisen. ***Zähle am Ende alle Wörter.***

Wie Jugendliche zwischen 12 und 17 Jahren das Internet für die Schule nutzen

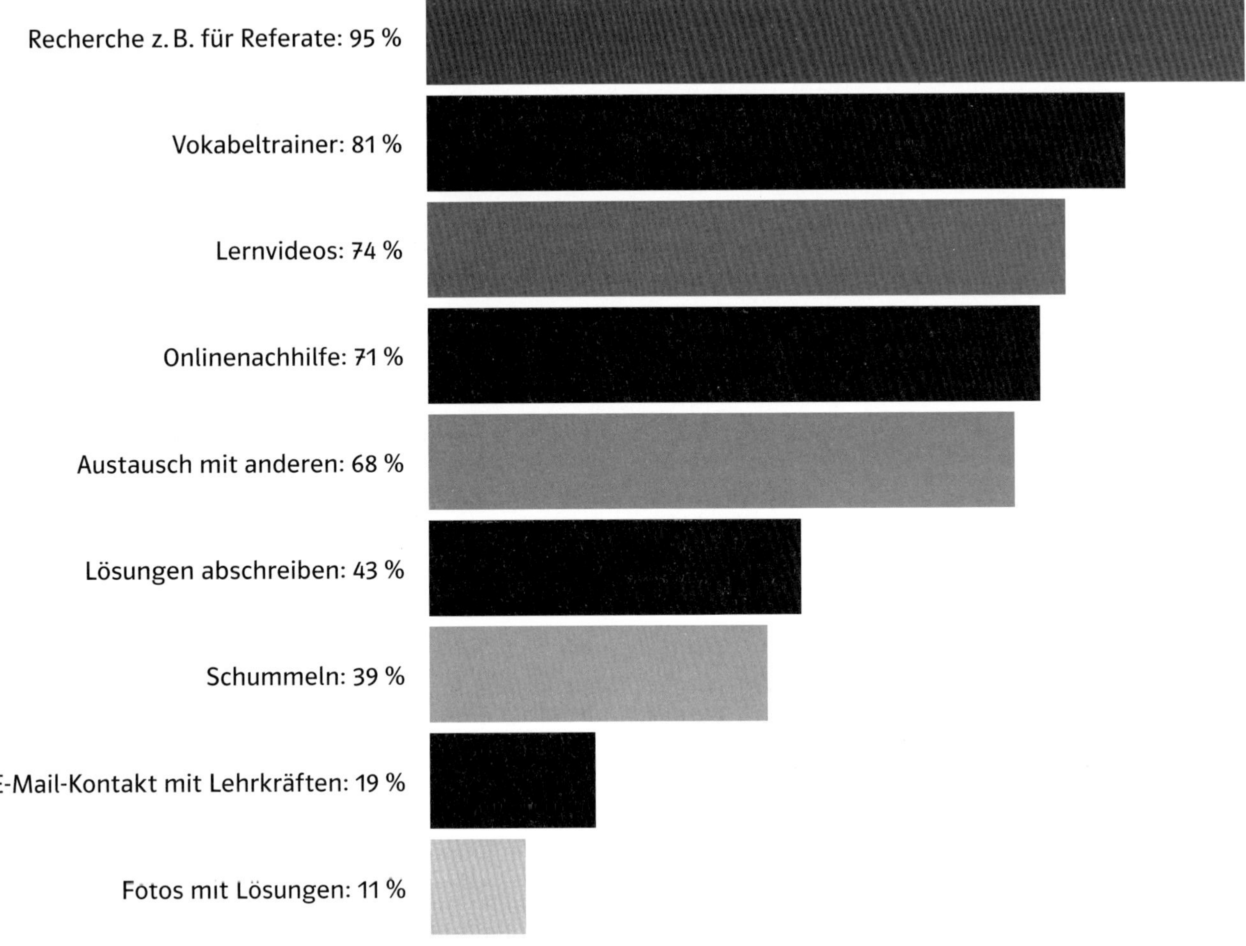

Lesetext Lernzielkontrolle Eine erweiterte Inhaltsangabe zu einem Sachtext verfassen

Die Biologie des Glücks

Gute Laune macht gesund. Und um glücklich und damit fit zu werden, kann jeder selbst etwas tun. Neurowissenschaftler sind sich sicher, dass die „Positive Psychologie" die Medizin revolutionieren kann.

Die gute Nachricht zuerst: Glück ist machbar, und zwar für jeden. Denn 40 Prozent unseres Glücksempfindens gehen auf unser eigenes Konto. Das vermuten zumindest Glücksforscher.

Die Fähigkeit, glücklich zu sein, ist zu etwa 50 Prozent in unseren Genen verankert, also angeboren. Nur zehn Prozent hängen von äußeren Lebensumständen ab. Den Rest kann jeder Mensch aktiv beeinflussen: etwa durch positives Denken und Genuss. „Diesen Teil können wir lernen und trainieren", erklärt Tobias Esch. Der 41-Jährige lehrt Gesundheitsförderung an der Hochschule Coburg, ist Mitarbeiter des Mind-Body-Instituts in Potsdam und Dozent an der State-University New York.

Positive Gedanken heilen

In seinem Buch „Die Neurobiologie des Glücks" erklärt der Mediziner, wie sich durch die Kraft der Gedanken strukturelle Veränderungen im Gehirn erzielen und auf diese Weise Krankheiten positiv beeinflussen lassen. Esch hat die neuesten Erkenntnisse aus Forschung, Medizin und Psychologie verknüpft und kommt zu dem Schluss: „Positive Gedanken haben durchaus das Potenzial zu heilen." Denn körpereigene Glücksbotenstoffe setzen positive Prozesse in Gang. Die Auswirkungen sind unmittelbar – nicht nur auf die seelische, sondern auch auf die körperliche Gesundheit: Der Körper schüttet weniger Stresshormone aus, das Risiko für Herz-Kreislauf-Erkrankungen wird reduziert. Schon der römische Kaiser und Philosoph Mark Aurel sagte: „Das Glück im Leben hängt von den guten Gedanken ab, die man hat."

Selbstheilung als Potenzial

Was Glück für den Einzelnen bedeutet, muss jeder selbst entscheiden, dafür wird die Medizin nie eine Faustformel finden. Ein Lottogewinn oder die Geburt des eigenen Kindes? Egal, was einen froh macht – jeder kann seinem Glücksempfinden auf die Sprünge helfen. Dafür gibt es unterschiedliche Möglichkeiten. Dem einen helfen vielleicht Entspannungsübungen wie Yoga oder Tai-Chi zum Stressabbau, dem anderen eher Ausdauersport. Auch ein Mal- oder Töpferkurs, bei dem man sich nur auf seine Kreativität besinnt, kann helfen, wieder zu sich selbst zu finden. Ein weiterer wichtiger Punkt: Dankbarkeit. Denn sobald wir uns bewusst machen, wofür wir im Leben dankbar sein können, verspüren wir Befriedigung und Freude. Seien es gute Freunde oder eine intakte Familie. Sei es die eigene Gesundheit oder einfach nur ein schöner Tag im Freien. Das hilft uns, Kraft zu tanken. Wenn wir dagegen alles für selbstverständlich halten und immer nur nach noch mehr streben, dann schüren wir unsere Unzufriedenheit.

Was macht das Leben lebenswert?

Der Begriff „Positive Psychologie" wurde Ende des 20. Jahrhunderts von dem US-Psychologen Martin Seligmann geprägt, der damals daran forschte, wie Ärzte psychische Störungen kurieren können. Heute beschäftigt sich die Forschungsrichtung vor allem mit der Frage, was das Leben lebenswert macht und wie wir glücklich werden.

„Jeder ist seines Glückes Schmied" – der Volksmund wusste das schon immer. Doch letzten Endes bleibt Glück eine Sichtweise auf die Dinge. Damit beschäftigt sich auch einer der bekanntesten Romane zu dem Thema, „Hectors Reise oder die Suche nach dem Glück" von François Lelord. Sein Protagonist, Psychologe Hector, hat nach einer Weltreise 23 Antworten auf seine Frage „Was ist Glück?" gesammelt: „Glück ist, mit den Menschen zusammen zu sein, die man liebt. Glück ist, wenn man spürt, dass man dem anderen nützlich ist. Glück ist, wenn man sich rundum lebendig fühlt. Glück ist, wenn man eine Beschäftigung hat, die man liebt. Glück ist, wenn man richtig feiert."

Quelle: *Sybille Möckl: Schneller gesund werden – Glückliche Menschen leben länger. FOCUS Online vom 15.07.2013.*

Lernzielkontrolle (A)	**Datum:** ____________
Thema: Eine erweiterte Inhaltsangabe zu einem Sachtext verfassen	**Name:** ____________

❶ **Lies den Text „Die Biologie des Glücks" aufmerksam durch.**

❷ **Beantworte die folgenden Fragen in eigenen Worten.**

a) Gibt es eine Formel für „Glück"? – Warum bzw. warum nicht?

b) Ist es sinnvoll, einen Kurs zum „glücklichen Denken" zu buchen?

c) Was versteht man unter „Positiver Psychologie"?

❸ **Vervollständige den folgenden Schreibplan in Stichworten.**

Einleitung	
Textsorte:	____________
Titel:	____________
Autorin:	____________
Erscheinungsjahr:	____________
grobes Thema:	____________
Hauptteil	
Reduziere den Inhalt auf das Wichtigste und beantworte alle W-Fragen (Wer, Was, Wann, Wie, Warum, Welche Folgen):	____________
Schluss	
Was ist die Intention der Autorin:	____________
Stimmst du der Autorin zu oder nicht? Was bedeutet für dich Glück?	____________

❹ **Erstelle mit deinem Schreibplan eine grobe Zusammenfassung des Textes in eigenen Worten.**

Lernzielkontrolle (B) **Datum:** ____________________

Thema: Eine erweiterte Inhaltsangabe zu einem Sachtext verfassen **Name:** ____________________

1 Lies den Text „Die Biologie des Glücks" aufmerksam durch.

2 Beantworte die folgenden Fragen in eigenen Worten.

a) Gibt es eine Formel für „Glück"? – Warum bzw. warum nicht?

____

____

____

b) Ist es sinnvoll, einen Kurs zum „glücklichen Denken" zu buchen?

____

____

____

c) Was versteht man unter „Positiver Psychologie"?

____

____

____

3 Erkläre, was mit dem Satz (unter Berücksichtigung des Textes) gemeint ist:
„Das Glück im Leben hängt von den guten Gedanken ab, die man hat." (Z. 21)

____

____

____

____

____

____

4 Erstelle eine Zusammenfassung des Textes in eigenen Worten.

Gehe im Schluss dabei auf folgende Aussage ein: *Jeder kann glücklich sein, wenn er nur will.*
Berücksichtige dazu wichtige Informationen aus dem Text.
Bewerte außerdem die Intention der Autorin und gehe auf deine eigene Auffassung von Glück näher ein.
Zähle zum Schluss deine Wörter.

____

Lesetext Lernzielkontrolle Einen literarischen Text verstehen

Der Nachbar *(Franz Kafka, 1917)*

Mein Geschäft ruht ganz auf meinen Schultern. Zwei Fräulein mit Schreibmaschinen und Geschäftsbüchern im Vorzimmer, mein Zimmer mit Schreibtisch, Kasse, Beratungstisch, Klubsessel und Telefon, das ist mein ganzer Arbeitsapparat. So einfach zu überblicken, so leicht zu führen. Ich bin ganz jung und die Geschäfte rollen vor mir her. Ich klage nicht, ich klage nicht.

Seit Neujahr hat ein junger Mann die kleine, leerstehende Nebenwohnung, die ich ungeschickterweise so lange zu mieten gezögert habe, frischweg gemietet. Auch ein Zimmer mit Vorzimmer, außerdem aber noch eine Küche. Zimmer und Vorzimmer hätte ich wohl brauchen können – meine zwei Fräulein fühlten sich schon manchmal überlastet –, aber wozu hätte mir die Küche gedient? Dieses kleinliche Bedenken war daran schuld, dass ich mir die Wohnung habe nehmen lassen. Nun sitzt dort dieser junge Mann. Harras heißt er. Was er dort eigentlich macht, weiß ich nicht. Auf der Tür steht: „Harras, Bureau". Ich habe Erkundigungen eingezogen, man hat mir mitgeteilt, es sei ein Geschäft ähnlich dem meinigen. Vor Kreditgewährung könne man nicht geradezu warnen, denn es handle sich doch um einen jungen, aufstrebenden Mann, dessen Sache vielleicht Zukunft habe, doch könne man zum Kredit nicht geradezu raten, denn gegenwärtig sei allem Anschein nach kein Vermögen vorhanden. Die übliche Auskunft, die man gibt, wenn man nichts weiß.

Manchmal treffe ich Harras auf der Treppe, er muss es immer außerordentlich eilig haben, er huscht förmlich an mir vorüber. Genau gesehen habe ich ihn noch gar nicht, den Büroschlüssel hat er schon vorbereitet in der Hand. Im Augenblick hat er die Tür geöffnet. Wie der Schwanz einer Ratte ist er hineingeglitten und ich stehe wieder vor der Tafel „Harras, Bureau", die ich schon viel öfter gelesen habe, als sie es verdient.

Die elend dünnen Wände, die den ehrlich tätigen Mann verraten, den Unehrlichen aber decken. Mein Telefon ist an der Zimmerwand angebracht, die mich von meinem Nachbar trennt. Doch hebe ich das bloß als besonders ironische Tatsache hervor.

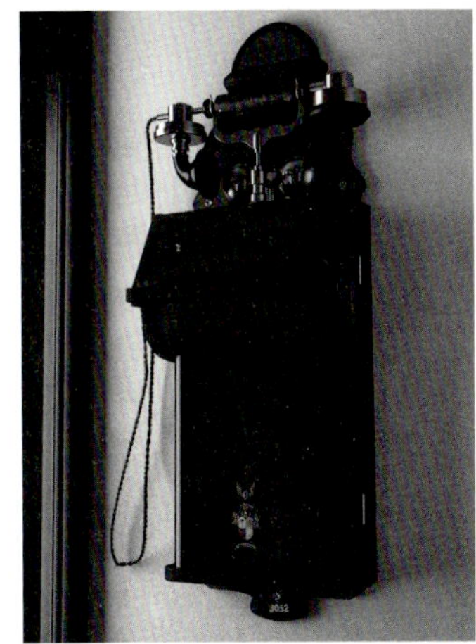

Selbst wenn es an der entgegengesetzten Wand hinge, würde man in der Nebenwohnung alles hören. Ich habe mir abgewöhnt, den Namen der Kunden beim Telefon zu nennen. Aber es gehört natürlich nicht viel Schlauheit dazu, aus charakteristischen, aber unvermeidlichen Wendungen des Gesprächs die Namen zu erraten. – Manchmal umtanze ich, die Hörmuschel am Ohr, von Unruhe gestachelt, auf den Fußspitzen den Apparat und kann es doch nicht verhüten, dass Geheimnisse preisgegeben werden.

Natürlich werden dadurch meine geschäftlichen Entscheidungen unsicher, meine Stimme zittrig. Was macht Harras, während ich telefoniere? Wollte ich sehr übertreiben – aber das muss man oft, um sich Klarheit zu verschaffen –, so könnte ich sagen: Harras braucht kein Telefon, er benutzt meines, er hat sein Kanapee an die Wand gerückt und horcht, ich dagegen muss, wenn geläutet wird, zum Telefon laufen, die Wünsche des Kunden entgegennehmen, schwerwiegende Entschlüsse fassen, großangelegte Überredungen ausführen – vor allem aber während des Ganzen unwillkürlich durch die Zimmerwand Harras Bericht erstatten.

Vielleicht wartet er gar nicht das Ende des Gespräches ab, sondern erhebt sich nach der Gesprächsstelle, die ihn über den Fall genügend aufgeklärt hat, huscht nach seiner Gewohnheit durch die Stadt und, ehe ich die Hörmuschel aufgehängt habe, ist er vielleicht schon daran, mir entgegenzuarbeiten.

Quelle: *Franz Kafka: Der Nachbar. Frankfurt am Main 1969, S. 345–347*

Lernzielkontrolle (A)	**Datum:** ______________
Thema: Einen literarischen Text verstehen	**Name:** ______________

1 Lies den Text „Der Nachbar" aufmerksam durch.

2 Vervollständige den folgenden Lückentext.

Die Kurzgeschichte ______________ von ______________ aus dem Jahr ______________ thematisiert aus der Sicht eines Ich-Erzählers ______________ ______________.

3 Kreuze die richtigen Aussagen an.

a) Die Hauptfigur, die die Geschichte erzählt, ist …
☐ ein junger Geschäftsmann. ☐ Harras. ☐ unbekannt.

b) Die Hauptfigur kennt den neuen Nachbarn Harras …
☐ kaum. ☐ über andere. ☐ sehr gut.

c) Die Hauptfigur ist extrem unsicher, da …
☐ sie in Harras Konkurrenz sieht. ☐ nichts über Harras weiß. ☐ die Geschäfte schlecht laufen.

4 Passt die Überschrift deiner Meinung nach zum Text? Kreuze die passende Aussage an.

☐ Ja, denn sie verrät nicht zu viel über den Inhalt.	☐ Nein, sie ist viel zu ungenau.
☐ Ja, denn sie lädt den Leser zum Lesen ein, weil sie neugierig macht.	☐ Nein, sie ist uninteressant und lädt nicht zum Weiterlesen ein.
☐ Ja, denn sie verdeutlicht das Konkurrenzverhalten der Nachbarn.	☐ Nein, sie ist viel zu offen und regt damit nicht zum Lesen an.

5 Markiere zwei Textstellen, die verdeutlichen, dass der Ich-Erzähler in Harras einen Konkurrenten sieht.

6 Es gibt viele Sprichwörter/Redewendungen zum Thema Nachbarn.

a) Lies dir die Redewendungen aufmerksam durch.

A Wenn wir uns mit den Augen der Nachbarn betrachten könnten, würden wir uns oft beneiden.

B Nachbarn sind Zeitgenossen, die über uns mehr wissen als wir selbst.

C Böse Nachbarschaft ist schlimmer als Bauchschmerzen.

b) Welche Redewendung passt deiner Meinung nach am besten zum Text und warum? Begründe deine Meinung dazu kurz.

Du kannst z. B. so beginnen:
Ich finde, dass Zitat … am besten passt, weil …

7 Kafka benutzt in seinem Text einen bildhaften Vergleich. Dieser verdeutlicht, was der Ich-Erzähler von Harras hält.

a) Zitiere den Vergleich aus dem Text.

b) Kreuze die richtige Aussage an.

☐ Der Vergleich zeigt, dass der Ich-Erzähler Harras nicht leiden kann.	☐ Der Vergleich zeigt, dass der Ich-Erzähler Harras leiden kann.

Lernzielkontrolle (B)	**Datum:** ______________________
Thema: Einen literarischen Text verstehen	**Name:** ______________________

1 **Lies den Text „Der Nachbar“ aufmerksam durch.**

2 **Schreibe einen typischen Einleitungssatz zur Kurzgeschichte „Der Nachbar“.**

3 **Beantworte die folgenden Fragen in ganzen Sätzen.**

a) Wer ist die Hauptfigur, die die Geschichte erzählt?

b) Wie gut kennt die Hauptfigur den neuen Nachbarn und was hält sie von ihm?

c) Warum ist die Hauptfigur so unsicher?

4 **Erkläre, ob die Überschrift zum Text passt. Warum ist das so bzw. warum nicht?**

5 **Belege anhand von zwei Textstellen, dass der Ich-Erzähler in Harras einen Konkurrenten sieht.**

6 **Es gibt viele Sprichwörter/Redewendungen zum Thema Wettbewerb/Konkurrenz.**

a) Lies dir die Redewendungen aufmerksam durch.

A Wir liegen nicht im Wettbewerb mit anderen, sondern mit unseren Irrtümern.

B Konkurrenz belebt das Geschäft.

C Wenn ein Unternehmen auf Dauer bestehen und fortschrittlich bleiben will, gibt es nichts Schlimmeres, als keine Wettbewerber zu haben.

b) Welche Redewendung passt deiner Meinung nach am besten zum Text und warum? Begründe deine Meinung dazu kurz.

7 **Der Ich-Erzähler sieht in Harras eine Gefahr.**

a) Erkläre in eigenen Worten, wie Harras den Geschäften des Ich-Erzählers schaden könnte.

b) Welche Maßnahmen trifft der Ich-Erzähler, um seine Geschäfte zu schützen?

c) Marie meint: „Der Ich-Erzähler schadet sich durch seine Vorurteile und zunehmender Unsicherheit nur selbst!“ Stimmst du dieser Aussage zu? Erkläre warum oder warum nicht.

8 **Kafka benutzt in seinem Text einen bildhaften Vergleich. Dieser verdeutlicht, was der Ich-Erzähler von Harras hält.**

a) Zitiere den Vergleich aus dem Text.

b) Erkläre, was der Leser dadurch zum Verhältnis zwischen Harras und dem Ich-Erzähler erfährt.

c) Belege mithilfe einer Textstelle, dass auch Harras kein Interesse an einer guten Nachbarschaft hat.

Maier AG

Die Maier AG ist eine erfolgreiche und wachsende Unternehmensgruppe, die zunehmend auch weltweit produziert. Für unsere Kunden in der Automobilindustrie entwickeln und produzieren wir hauptsächlich elektronische Steuerungssysteme. Seit Jahrzehnten gehört unser Unternehmen zu den besten der Branche. Dabei bauen wir auf engagierte, flexible und zuverlässige Mitarbeiter mit sehr guten Englischkenntnissen. Um mit unserem Unternehmen auch in Zukunft weiter zu expandieren, suchen wir tatkräftige Nachwuchstalente:

Auszubildende:

- **Industriekaufmann/-frau**
- **Mechatroniker/-in**
- **Werkzeugmechaniker/-in**

Wir bieten eine professionelle und umfangreiche Ausbildung. In unseren speziellen Lehrwerkstätten erhalten Sie außerdem eine gründliche theoretische und praktische Prüfungsvorbereitung. Des Weiteren werden Sie übertariflich vergütet und alle unsere Mitarbeiter erhalten Weihnachtsgeld.

Von den Bewerbern erwarten wir:

- einen guten bis sehr guten Realschulabschluss
- gute bis sehr gute Englischkenntnisse in Wort und Schrift
- die Fähigkeit zur Teamarbeit
- eine hohe Einsatzbereitschaft, z. B. in Form von regelmäßigen Weiterbildungen
- die Flexibilität, an verschiedenen Standorten weltweit einsetzbar zu sein

Konnten wir Ihr Interesse wecken?

Dann freuen wir uns auf Ihre Bewerbung mit aussagekräftigen Unterlagen.

MAIER AG – Bergstraße 12–13 (Personalabteilung, Herr Schubert) – 65510 Idstein – schubert@maiers.dot

Lernzielkontrolle (A)	**Datum:** ______________
Thema: Eine Stellenanzeige analysieren	**Name:** ______________

❶ **Lies die Stellenanzeige aufmerksam durch.**

❷ **Erkläre in eigenen Worten, welche Anforderungen der Bewerber mitbringen sollte, wenn man sie von den folgenden Aussagen ableiten muss.**

a) „… Unternehmensgruppe, die zunehmend auch weltweit produziert."

b) „… Seit Jahrzehnten gehört unser Unternehmen zu den besten der Branche."

c) „… suchen wir tatkräftige Nachwuchstalente."

❸ **Manche Eigenschaften der Bewerber sind dem Unternehmen offenbar besonders wichtig, da sie mehrfach erwähnt werden. Wähle eine aus. Schreibe die Eigenschaft in eigenen Worten auf.**

❹ **Stelle – mit Blick auf ein Bewerbungsschreiben – alle Anforderungen, die die Maier AG an ihre Bewerber hat, übersichtlich in eigenen Stichworten in der folgenden Übersicht zusammen.**

Anforderungen der Maier AG

Formale Voraussetzungen/Kenntnisse:

- ______________________________
- ______________________________

Eigenschaften:

- ______________________________
- ______________________________
- ______________________________
- ______________________________
- ______________________________

❺ **a) Lies die Informationen über Leonie aufmerksam durch.**

Leonie: Mein Name ist Leonie und ich bin 15 Jahre alt. Zurzeit besuche ich die 9. Realschulklasse der Heinrich-Böll-Schule in Miltenberg. Was ich später mal werden möchte, weiß ich noch nicht. In meiner Freizeit treffe ich mich mit meinen Freunden, gehe zum Handball oder arbeite als Babysitterin. Nur für das Reisen fehlt mir leider das Geld. Die Schule werde ich wahrscheinlich mit dem Realschulabschluss verlassen. Mein bestes Fach ist Mathematik. Aber auch in Englisch bin ich gut. Meine Freunde meinen, ich bin sehr zuverlässig, stets pünktlich und sehr hilfsbereit. Allerdings lasse ich mir ungern Dinge vorschreiben. Stattdessen bevorzuge ich, es so zu machen, wie ich es will. Meine Lehrerin hat mir heute die Stellenanzeige der Maier AG gezeigt. Allerdings bin ich mir nicht so sicher, ob ich mich dort bewerben soll.

b) Begründe in einem Schreiben an Leonie, ob du ihr empfehlen kannst, sich bei der Maier AG zu bewerben bzw. warum nicht.

Beginne dazu folgendermaßen: *Liebe Leonie, ich kann dir …*

Lernzielkontrolle (B)	**Datum:** ____________
Thema: Eine Stellenanzeige analysieren	**Name:** ____________

1 **Lies die Stellenanzeige aufmerksam durch.**

2 **Erkläre in eigenen Worten, welche Anforderungen der Bewerber mitbringen sollte, wenn man sie von den folgenden Aussagen ableiten muss.**

a) „... Unternehmensgruppe, die zunehmend auch weltweit produziert."

b) „... Seit Jahrzehnten gehört unser Unternehmen zu den besten der Branche."

c) „... suchen wir tatkräftige Nachwuchstalente."

d) „... bauen auf engagierte, flexible und zuverlässige Mitarbeiter.

3 **Zwei Eigenschaften der Bewerber sind dem Unternehmen offenbar besonders wichtig, da sie mehrfach erwähnt werden. Nenne beide. Schreibe die Eigenschaften in eigenen Worten auf.**

4 **Stelle – mit Blick auf ein Bewerbungsschreiben – alle Anforderungen, die die Maier AG an ihre Bewerber hat übersichtlich in eigenen Stichworten in der folgenden Tabelle zusammen.**

Anforderungen der Maier AG

Formale Voraussetzungen/Kenntnisse:

- ____________
- ____________

Eigenschaften:

- ____________
- ____________
- ____________
- ____________
- ____________

5 **a) Lies die Informationen über Leonie und Bilal aufmerksam durch.**

Leonie: Mein Name ist Leonie und ich bin 15 Jahre alt. Zurzeit besuche ich die 9. Realschulklasse der Heinrich-Böll-Schule in Miltenberg. Was ich später mal werden möchte, weiß ich noch nicht. In meiner Freizeit treffe ich mich mit meinen Freunden, gehe zum Handball oder arbeite als Babysitterin. Nur für das Reisen fehlt mir leider das Geld. Die Schule werde ich wahrscheinlich mit dem Realschulabschluss verlassen. Mein bestes Fach ist Mathematik. Aber auch in Englisch bin ich gut. Meine Freunde meinen, ich bin sehr zuverlässig, stets pünktlich und sehr hilfsbereit. Allerdings lasse ich mir ungern Dinge vorschreiben. Stattdessen bevorzuge ich, es so zu machen, wie ich es will. Meine Lehrerin hat mir heute die Stellenanzeige der Maier AG gezeigt. Allerdings bin ich mir nicht so sicher, ob ich mich dort bewerben soll.

Bilal: Ich bin Bilal, 15 Jahre alt und besuche ebenfalls die 9a der Heinrich-Böll-Schule in Miltenberg. Ich kann mich total für elektronische Dinge begeistern und mag es auch, diese zu reparieren. Leider fehlt mir momentan noch das nötige Taschengeld, um mir all meine Wünsche zu erfüllen. Schule läuft momentan so mittelmäßig, vor allem Französisch und Rechtschreibung sind nicht gerade meine Stärken. Dafür bin ich ein Ass in den Naturwissenschaften und Sport. Aber in Englisch habe ich noch Optimierungsbedarf und muss mir wohl oder übel eine Nachhilfe organisieren. In meiner Freizeit treffe ich mich gern mit meinen Freunden oder spiele im Basketballverein meiner Stadt. Ich betreue dort auch schon eine Juniormannschaft. Das macht Spaß. Ich muss außerdem noch an meiner Pünktlichkeit arbeiten. Leider habe ich dadurch ziemlich viele unentschuldigte Stunden auf meinem Bewerbungszeugnis stehen. Ich hoffe, das klappt nächstes Schuljahr besser.

b) Begründe, ob du Leonie und Bilal empfehlen kannst, sich bei der Maier AG zu bewerben bzw. warum nicht. Schreibe den beiden dazu jeweils einen Brief.

Lesetext Lernzielkontrolle Einen lyrischen Text verstehen

Der Spinnerin Nachtlied *(Clemens Brentano, 1802)*

Es sang vor langen Jahren
wohl auch die Nachtigall,
das war wohl süßer Schall,
da wir zusammen waren.

Ich sing' und kann nicht weinen,
und spinne so allein
den Faden klar und rein
so lang der Mond wird scheinen.

Als wir zusammen waren
da sang die Nachtigall
nun mahnet mich ihr Schall,
daß du von mir gefahren.

So oft der Mond mag scheinen,
denk' ich wohl dein allein.
Mein Herz ist klar und rein,
Gott wolle uns vereinen.

Seit du von mir gefahren,
singt stets die Nachtigall,
ich denk' bei ihrem Schall,
wie wir zusammen waren.

Gott wolle uns vereinen,
hier spinn' ich so allein,
der Mond scheint klar und rein,
ich sing' und möchte weinen.

Lernzielkontrolle (A) **1** **Datum:** ____________

Thema: Einen lyrischen Text verstehen **Name:** ____________

1 Lies das Gedicht „Der Spinnerin Nachtlied" aufmerksam durch.

2 Ergänze den folgenden Einleitungssatz.

In dem Gedicht ______________________ von ______________________

aus dem Jahr ______________________ geht es um ______________________

____.

3 Kreuze die richtige Antwort an.

a) Das Gedicht …

- hat einen regelmäßigen Aufbau. Es besteht aus sechs Strophen mit jeweils vier Versen.
- hat einen unregelmäßigen Aufbau. Es besteht aus vier Strophen mit jeweils sechs Versen.
- hat einen regelmäßigen Aufbau. Es besteht aus vier Strophen mit jeweils vier Versen.

b) Das lyrische Ich …

- ist ein Mann.
- ist eine Frau.
- kann sowohl ein Mann als auch eine Frau sein.

c) Die Nachtigall erinnert das lyrische Ich …

- an die Vergänglichkeit und den eigenen Tod.
- an Gott.
- an eine alte, verflossene Liebe.

d) Das lyrische Ich …

- fordert eine Wiedervereinigung mit der geliebten Person durch Gott.
- glaubt an das Schicksal in Einsamkeit.
- sehnt sich nach Abwechslung und Veränderung.

e) Der Gesang der Nachtigall steht gegenwärtig für …

- die Sehnsucht des lyrischen Ichs.
- die harte Arbeit bei Nacht.
- die Schlaflosigkeit des lyrischen Ichs.

4 Vergleiche den Gedichtanfang mit dem Gedichtende. In welcher Situation befindet sich das lyrische Ich?

____

____

____

____

Datum: ______________________

Name: ______________________

5 Übertreibungen im Gedicht

a) Zitiere zwei Hyperbeln (Übertreibungen) aus dem Text.

____

____

____

____

b) Was will das lyrische Ich mit diesen Übertreibungen verdeutlichen?

____

____

____

____

6 Begründe, welche der folgenden Aussagen deiner Meinung nach am besten zum Gedicht passt.

A „Der Spinnerin Nachtlied" ist ein sehnsüchtiges Liebesgedicht, das den Leser durch viele Wiederholungen die Klage des lyrischen Ichs verdeutlicht.

B Der Liebeskummer, die Liebesweh im Gedicht von Clemens Brentano scheint das lyrische Ich seit Jahren zu beschäftigen. Ein Ausweg ist nicht zu erkennen. Lediglich Gott kann diese Liebe wieder vereinen und bleibt der nächtliche Trost.

____

____

____

____

7 Das Gedicht entstand vor mehr als 200 Jahren. Kann es deiner Meinung nach noch als aktuell gelten? Begründe deine Meinung.

____

____

____

____

Lernzielkontrolle (B) **1** **Datum:** ____________________

Thema: Einen lyrischen Text verstehen **Name:** ____________________

❶ **Lies das Gedicht „Der Spinnerin Nachtlied" aufmerksam durch.**

❷ **Formuliere einen typischen Einleitungssatz zur Gedichtinterpretation.**

❸ **Bearbeite die folgenden Aufgaben/Fragen in ganzen Sätzen:**

a) Beschreibe den formalen Aufbau des Gedichts.

b) Wer ist der Sprecher bzw. die Sprecherin im Gedicht?

c) An was erinnert die Nachtigall den Sprecher bzw. die Sprecherin im Gedicht?

d) Was wünscht sich der Sprecher / die Sprecherin?

e) Beende den folgenden Satz: Der Gesang der Nachtigall steht gegenwärtig für ____________________

____

____

❹ **Stimmungen im Gedicht**

a) Ein Leser behauptet: „Das lyrische Ich bleibt passiv und wird sich somit für immer in dieser negativen Stimmung befinden." Begründe diese Aussage mithilfe eines Textbeispiels.

____

____

b) Ein anderer Leser behauptet: „Das Gedicht ist geprägt von Traurigkeit und Hoffnung!" Belege diese Aussage mit zwei unterstützenden Textbeispielen.

____

____

❺ **Übertreibungen im Gedicht**

a) Zitiere zwei Hyperbeln (Übertreibungen) aus dem Text.

____

____

b) Was will das lyrische Ich mit diesen Übertreibungen verdeutlichen?

____

____

6 **Begründe, welche der folgenden Aussagen deiner Meinung nach am besten passt.**

A „Der Spinnerin Nachtlied“ ist ein sehnsüchtiges Liebesgedicht, das den Leser durch viele Wiederholungen die Klage des lyrischen Ichs verdeutlicht.

B Das Gedicht hat keine inhaltliche Entwicklung. Es wirkt kreisförmig und ohne Ende, so wie das Spinnen selbst und die Klage, die schon seit Jahren vorhanden ist, und die Sehnsucht, die unerfüllt bleibt.

C Der Liebeskummer, die Liebesweh im Gedicht von Clemens Brentano scheint das lyrische Ich seit Jahren zu beschäftigen. Ein Ausweg ist nicht zu erkennen. Lediglich Gott kann diese Liebe wieder vereinen und bleibt der nächtliche Trost.

____

____

____

____

____

7 **Das Gedicht entstand vor mehr als 200 Jahren. Kann es deiner Meinung nach noch als aktuell gelten? Begründe deine Meinung.**

____

____

____

____

____

____

____

____

____

____

____

____

Lernzielkontrolle (A)	**Datum:** ______________
Thema: Groß- und Kleinschreibung	**Name:** ______________

1 **Markiere im folgenden Text alle Wörter, die du großschreiben musst.**

WANN BEGINNT DER ERNST DES LEBENS?

FÜR VIELE SCHÜLER IST DAS BETRIEBSPRAKTIKUM EINE WICHTIGE ERFAHRUNG. EINES MORGENS IST ES SO WEIT. ANSTATT IN DIE SCHULE ZU GEHEN, IST DAS ARBEITEN EINE GERN GESEHENE ABWECHSLUNG. PLÖTZLICH IST EIN ARBEITSTAG VOLLER KONZENTRATION UND AUSDAUER EINE NEUE HERAUSFORDERUNG. ALLERDINGS LIEGT VIELEN JUGENDLICHEN DAS PRAKTISCHE ARBEITEN BESSER ALS DIE THEORIE DES SCHULALLTAGS. DIESES LANGE HERUMSITZEN OHNE ABWECHSLUNG WIRD IM PRAKTIKUM DURCH INTENSIVES AUSPROBIEREN ERSETZT. SO ERGIBT SICH DIE MÖGLICHKEIT, DIE EIGENEN FÄHIGKEITEN UNTER BEWEIS ZU STELLEN. NACH DEM PRAKTIKUM IM TRAUMBERUF KOMMT JEDOCH OFT DIE ERNÜCHTERUNG. NEBEN EINEM HOHEN ENGAGEMENT WIRD AUCH DAS LEBENSLANGE LERNEN VON ZUNEHMENDER BEDEUTUNG SEIN. DAS HEIßT, DASS EIN AKTIVES MITARBEITEN FÜR EINEN GUTEN SCHULABSCHLUSS UNABDINGBAR IST. NICHTSDESTOTROTZ FREUEN SICH VIELE JUGENDLICHE AUFS ARBEITEN UND AUF DAS ERSTE EIGENE GEHALT. TROTZ DER FREUDE VERLIEREN ABER AUCH HUNDERTE BEREITS IM ERSTEN JAHR WIEDER IHREN AUSBILDUNGSPLATZ. IM ALLGEMEINEN IST ALSO DIE RICHTIGE BERUFSWAHL VON GROßER BEDEUTUNG.

2 **Setze die passenden Pronomen aus dem Wortspeicher in richtiger Groß- und Kleinschreibung in die Lücken der folgenden Sätze aus einem Bewerbungsschreiben.**

IHREM 2x – SIE 4x – IHNEN 2x – IHRE – IHN

a) Hiermit bewerbe ich mich in ______________ Unternehmen um einen Ausbildungsplatz als Industriekauffrau.

b) Ich freue mich, dass ______________ in ______________ Unternehmen auch junge Frauen einstellen, die ______________ Fähigkeiten unter Beweis stellen können.

c) Wie ______________ meinem Bericht entnehmen können, habe ich an einem englischen Schüleraustausch teilgenommen. Ich sende ______________ ______________ in der Anlage zu.

d) Ich freue mich, dass ______________ meine Bewerbungsunterlagen gelesen haben und ______________ ______________ zusagen.

Lernzielkontrolle (B)	**Datum:** ______________________
Thema: Groß- und Kleinschreibung	**Name:** ______________________

1 **Schreibe den folgenden Text in richtiger Groß- und Kleinschreibung.**

WANN BEGINNT DER ERNST DES LEBENS?

FÜR VIELE SCHÜLER IST DAS BETRIEBSPRAKTIKUM EINE WICHTIGE ERFAHRUNG. EINES MORGENS IST ES SO WEIT. ANSTATT IN DIE SCHULE ZU GEHEN, IST DAS ARBEITEN EINE GERN GESEHENE ABWECHSLUNG. PLÖTZLICH IST EIN ARBEITSTAG VOLLER KONZENTRATION UND AUSDAUER EINE NEUE HERAUSFORDERUNG. ALLERDINGS LIEGT VIELEN JUGENDLICHEN DAS PRAKTISCHE ARBEITEN BESSER ALS DIE THEORIE DES SCHULALLTAGS. DIESES LANGE HERUMSITZEN OHNE ABWECHSLUNG WIRD IM PRAKTIKUM DURCH INTENSIVES AUSPROBIEREN ERSETZT. SO ERGIBT SICH DIE MÖGLICHKEIT, DIE EIGENEN FÄHIGKEITEN UNTER BEWEIS ZU STELLEN. NACH DEM PRAKTIKUM IM TRAUMBERUF KOMMT JEDOCH OFT DIE ERNÜCHTERUNG. NEBEN EINEM HOHEN ENGAGEMENT WIRD AUCH DAS LEBENSLANGE LERNEN VON ZUNEHMENDER BEDEUTUNG SEIN. DAS HEIẞT, DASS EIN AKTIVES MITARBEITEN FÜR EINEN GUTEN SCHULABSCHLUSS UNABDINGBAR IST. NICHTSDESTOTROTZ FREUEN SICH VIELE JUGENDLICHE AUFS ARBEITEN UND AUF DAS ERSTE EIGENE GEHALT. TROTZ DER FREUDE VERLIEREN ABER AUCH HUNDERTE BEREITS IM ERSTEN JAHR WIEDER IHREN AUSBILDUNGSPLATZ. IM ALLGEMEINEN IST ALSO DIE RICHTIGE BERUFSWAHL VON GROẞER BEDEUTUNG.

2 **Setze die passenden Pronomen in richtiger Groß- und Kleinschreibung in die Lücken.**

a) Hiermit bewerbe ich mich in ______________________ Unternehmen um einen Ausbildungsplatz als Industriekauffrau.

b) Ich freue mich, dass ______________________ in ______________________ Unternehmen auch junge Frauen einstellen, die ______________________ Fähigkeiten unter Beweis stellen können.

c) Wie ______________________ meinem Bericht entnehmen können, habe ich an einem englischen Schüleraustausch teilgenommen. Ich sende ______________________ ______________________ in der Anlage zu.

d) Ich verspreche ______________________, ______________________ können sich auf mich verlassen.

e) Ich freue mich, dass ______________________ meine Bewerbungsunterlagen gelesen haben und ______________________ ______________________ zusagen.

Lernzielkontrolle (A) **1** **Datum:** ____________________

Thema: Fremdwörter zuordnen **Name:** ____________________

1 **Suche die passenden Fremdwörter für die Lücken im Text aus dem Kasten und trage sie ein.**
Achtung – es gibt mehr Wörter als Lücken!

finanzielle ● Organisation ● Reaktion ● Komfort ● Hotelkategorie ● subjektiv ● offiziell ● unspektakulär ● reglementiert ● investieren ● Atmosphäre ● Rage ● Fiasko ● Kostenlimit ● Panorama ● Egoismus ● dokumentieren

Unvergessliche Klassenfahrt

Die Schüler können es kaum fassen, aber es ist kein Scherz. Sie haben tatsächlich beim Gewinnspiel eines großen Reiseunternehmens den Hauptpreis gewonnen: die volle Kostenübernahme einer Klassenfahrt. Kein ______________________! Der Zielort ist frei wählbar! Welche Klasse träumt nicht von einer Abschlussfahrt nach New York, auf die Malediven oder nach Australien? Doch der ______________________ Rahmen ist im Schulgesetz normalerweise streng ______________________. Voller Vorfreude verkündet die Klassenlehrerin, dass es nun nur noch um die Einigung auf ein Traumziel geht. Denn wie jede Klassenfahrt bedeutet das vor allem eines – ______________________. Statt einer einfachen Unterkunft können die Schüler nun gern eine höhere ______________________ auswählen und höchsten ______________________ vor Ort genießen. So bleibt zu hoffen, dass nicht der ______________________ Einzelner, die sich vielleicht nicht durchsetzen können, zum ______________________ für alle wird. Doch daran will keiner denken! Neidisch nimmt die Parallelklasse den Gewinn zur Kenntnis. Sie werden ganz ______________________ an die Nordsee fahren. Aber auch dort kann man am Strand das ______________________ genießen und mit Fotos die schönen Erinnerungen ______________________. Bei einer Abschlussfahrt sind außerdem andere Dinge als das Ziel von Bedeutung, z. B. mit den richtigen Menschen eine schöne Zeit zu verbringen. Das kann man überall – ob nun in Bayern, an der Nordsee oder in New York.

Lernzielkontrolle (A) 2	Datum:
Thema: Fremdwörter zuordnen	Name:

2 a) Lies den folgenden Satz.

Das Engagement der Klassengemeinschaft hat sich gelohnt! Mit ihrem kreativen Video konnten sie die Jury für sich gewinnen.

b) Im Fremdwörterbuch gibt es zu den unterstrichenen Wörtern folgende Einträge. Lies diese durch und markiere in der rechten Spalte die Bedeutung, die am besten den Sinn im obigen Satz wiedergibt.

En/ga/ge/ment	das; -s, -s: 1. (ohne Plural) weltanschauliche Verbundenheit mit etwas; innere Bindung an etwas, Gefühl des inneren Verpflichtetseins zu etwas, persönlicher Einsatz 2. Anstellung, Stellung bes. eines Künstlers 3. Aufforderung zum Tanz 4. Verpflichtung, zur festgesetzten Zeit gekaufte Papiere abzunehmen oder zu bezahlen
kreativ	1. schöpferisch 2. Ideen habend 3. Ideen gestalterisch verwirklichend
Jury	die; -, -s 1. Kollegium von Fachleuten, das Werke für eine Ausstellung auswählt 2. Kollegium von Sachverständigen als Preisrichter bei sportlichen, künstlerischen Wettbewerben 3. ein Schwurgericht, bes. in England und Amerika bei Kapitalverbrechen zur Urteilsfindung verpflichtetes Gremium von Laien

3 Ersetze die folgenden Fremdwörter durch ein anderes, bedeutungsgleiches deutsches Wort.

a) die Sympathie ______________________________

b) der Small Talk ______________________________

c) die Intention ______________________________

d) die Apokalypse ______________________________

Lernzielkontrolle (B)	**Datum:** ______________
Thema: Fremdwörter zuordnen	**Name:** ______________

1 **Unterstreiche im Text alle Fremdwörter.**

Unvergessliche Klassenfahrt

Die Schüler können es kaum fassen, aber es ist kein Scherz. Sie haben tatsächlich beim Gewinnspiel eines großen Reiseunternehmens den Hauptpreis gewonnen: die volle Kostenübernahme einer Klassenfahrt. Kein Kostenlimit! Zielort frei wählbar! Welche Klasse träumt nicht von einer Abschlussfahrt in New York, auf den Malediven oder in Australien? Doch der finanzielle Rahmen ist normalerweise im Schulgesetz streng reglementiert. Voller Enthusiasmus verkündet die Klassenlehrerin, dass es nun nur noch um die Einigung auf ein Traumziel geht. Denn wie jede Klassenfahrt bedeutet das vor allem eines – Organisation. Statt in einer einfachen Unterkunft können die Schüler nun gern eine höhere Hotelkategorie auswählen und höchsten Komfort vor Ort genießen. So bleibt zu hoffen, dass nicht der Egoismus Einzelner, die sich vielleicht nicht durchsetzen können, zum Fiasko für alle wird. Doch daran will keiner denken! Neidisch nimmt die Parallelklasse den Gewinn zur Kenntnis. Sie werden ganz unspektakulär an die Nordsee fahren. Aber auch dort kann man am Strand das Panorama genießen und mit schönen Fotos Erinnerungen dokumentieren. Bei einer Abschlussfahrt sind außerdem andere Dinge als das Ziel essenziell, z. B. mit den richtigen Menschen eine schöne Zeit zu verbringen. Das kann man überall – ob nun in Bayern, an der Nordsee oder in New York.

2 **Suche dir zehn unterstrichene Fremdwörter aus dem Text aus und ersetze diese durch ein deutsches Wort. Schreibe dies in Form einer Tabelle.**

3 **a) Bilde aus den folgenden Fremdwörtern ein Verb oder ein Adjektiv.**

Sympathie ➔ ______________________________

Appell ➔ ______________________________

Reaktion ➔ ______________________________

Eleganz ➔ ______________________________

b) Schreibe zu jedem Verb oder Adjektiv einen Beispielsatz auf.

____

____

____

____

____

____

____

Lernzielkontrolle (A) **1**	**Datum:** ______________________
Thema: Textaussagen in eigenen Worten wiedergeben und zitieren	**Name:** ______________________

❶ Lies den folgenden Auszug der Buchempfehlung eines Schülers zum Essay „Krieg. Stell dir vor, er wäre hier" von Janne Teller aufmerksam durch.

Sergio, Klasse 10a, schreibt für die Schülerzeitung eine Buchempfehlung:

„Wenn bei uns Krieg wäre, wohin würdest du gehen? Wenn durch die Bomben der größte Teil des Landes, der größte Teil der Stadt in Ruinen läge? Wenn das Haus, in dem du mit deiner Familie lebst, Löcher in den Wänden hätte? Wenn alle Fensterscheiben zerbrochen, das Dach weggerissen wäre?"[1] Mit diesen Gedankenanregungen beginnt Janne Tellers Text. Es leitet direkt zur Frage über, was der Leser persönlich mitnehmen würde, wenn er fliehen müsste. Der Koffer ist klein, es gibt nur wenig Platz, z. B. ein Wasserfilter für sauberes Trinkwasser wäre sinnvoll. Doch wer hat in einem Land, das sich in einem Ausnahmezustand befindet, diesen griffbereit zu Hause?

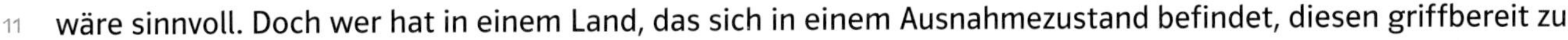

Die westliche Welt, so wie wir sie kennen, existiert in Tellers Text nicht mehr. Die europäische Union ist zusammengebrochen und wir befinden uns mitten im Krieg. Nur der Orient bietet noch Schutz und Frieden. In dem Gedankenexperiment begleiten die Leser eine deutsche Familie nach Ägypten. Man verliert Freunde, Verwandte an den Widerstand und lebt einsam und isoliert in der Fremde. Die Kultur, die Sprache und die vielen anderen Asylanten machen das Leben nicht gerade einfach. Träume zerplatzen wie Seifenblasen. Das Gedankenexperiment ist radikal und eindringlich. Denn trotz Frieden bleibt man immer ein Fremder. Was ist überhaupt Heimat? Was macht Heimat für mich persönlich aus und wo kann ich mich heimisch fühlen? Die ewige Zerrissenheit und Chancenlosigkeit in der neuen Heimat der Protagonisten wird mehr als deutlich. Durch die Besonderheit der Du-Perspektive gelingt es Teller, dass sich Leser direkt angesprochen fühlen und sich den aufdrängenden Fragen nicht entziehen können. Ich empfehle, dieses Buch zur Pflichtlektüre zu machen, um sich mit aktuellen gesellschaftlichen Problemen auseinanderzusetzen.

In diesem Sinne lade ich euch alle herzlich zu diesem Gedankenexperiment ein, um sich den Fragen in Tellers Essay „Krieg. Stell dir vor, er wäre hier" zu stellen.

❷ Der Schüler empfiehlt in seinem Text, dass „Krieg. Stell dir vor, er wäre hier" in der Schule zur Pflichtlektüre gemacht werden sollte. Erkläre in eigenen Worten, warum das sinnvoll wäre.

❸ Finde zu jedem der folgenden Sätze einen passenden Satz im Text, der Ähnliches ausdrückt. Gib die jeweilige(n) Zeile(n) an.

Aussage	Zeile(n)
Janne Teller stellt dem Leser direkte Fragen.	
Europa existiert nicht mehr.	
Alle Menschen suchen Asyl im Orient.	
Der Krieg in Europa fordert viele persönliche Opfer. Man verliert Freunde und Familie.	
In der neuen Heimat lebt man in Frieden und ist doch alleine.	
Es gibt kaum Zukunftschancen auf ein gutes Leben in der Fremde.	

[1] Janne Teller, Krieg, S. 5

Lernzielkontrolle (A) 2	**Datum:** ______________
Thema: Textaussagen in eigenen Worten wiedergeben und zitieren	**Name:** ______________

4 Die Hauptfiguren der Erzählung sind Deutsche. Zitiere die richtige Textstelle, die diese Aussage bestätigt.

5 Im Text stellt sich die Frage, was man mitnehmen würde, wenn man fliehen müsste.

a) Welches sinnvolle Beispiel nennt Sergio im Text?

b) Erkläre, warum es unwahrscheinlich ist, dass jemand auf der Flucht genau das dabeihat.

c) Nenne drei weitere Dinge, die du mit auf eine Flucht nehmen würdest. Erkläre kurz, warum du dich für diese Dinge entschieden hast.

6 Sergio lädt die Leser zum „Gedankenexperiment" (Z. 23) ein. Erkläre in eigenen Worten, was er damit meint. Worüber sollen sich die Leser Gedanken machen?

Lernzielkontrolle (B) **1** **Datum:** ____________________

Thema: Textaussagen in eigenen Worten wiedergeben und zitieren **Name:** ____________________

1 Lies den folgenden Auszug der Buchempfehlung eines Schülers zum Buch „Schweigeminute" von Siegfried Lenz aufmerksam durch.

Tharan, Klasse 10a, schreibt für die Schülerzeitung eine Buchempfehlung:

Verliebt in die Englischlehrerin

„Dein kurzes schwarzes Haar, das ich gestreichelt, deine hellen Augen, die ich geküsst habe auf dem Strand der Vogelinsel: Ich musste daran denken, und ich dachte daran, wie du mich ermuntert hast, dein Alter zu erraten."[2] Eine Lehrerin, die sich in einen Schüler verliebt? Ein Schüler, der seine Englischlehrerin nicht als Lehrerin, sondern als eine Art Mitschülerin sieht? Kein Wunder, dass „Schweigeminute" zur meistverkauften Liebesnovelle von Siegfried Lenz wurde, denn diese skandalöse Beziehung weckt die Neugierde im Leser. In den Medien liest man immer wieder von solchen verbotenen Beziehungen, jedoch kommen die Betroffenen dabei selten zu Wort. Anders in Lenz' Novelle. Hier erzählt ein Schüler rückblickend von dem kurzen Liebessommer zwischen ihm und Stella. Die Novelle beginnt direkt dramatisch mit der Gedenkfeier in der Aula des Lessing-Gymnasiums: Stella, die charmante Englischlehrerin, ist tot. In Erinnerungen versunken entsteht so nach und nach aus Christians Sicht der Sommer einer verbotenen Liebe. Als Leser kann man alles sehen, riechen, hören, nachempfinden und doch spart Sigfried Lenz der Generation „Porno" die intimen Details. Es gibt lediglich Andeutungen, Blicke oder Gesten, die Interpretationsspielraum geben. Aber vielleicht liegt genau darin der Erfolg der kurzen Erzählung. Wie ist es, wenn zwei Menschen sich verlieben, die sich nicht lieben dürfen? Was geschieht dann? Wie reagiert die Schule? Wie die Mitmenschen im Alltag? Und endet nun diese Liebe mit dem Tod oder wird sie gerade dadurch unsterblich? Diese Fragen stellten und stellen sich Menschen zu allen Zeiten, deshalb ist die Erzählung von besonderer Bedeutung und sollte gerade deshalb zur Schullektüre gemacht werden, um sich mit jugendlichem Leichtsinn diesen Fragen in Diskussionen und Gesprächen zu stellen. Denn dass eine Liebe scheitert, passiert nicht nur in der Literatur, sondern auch im realen Alltag. Des Weiteren ist die Handlung so interessant, dass Schüler das Buch lesen wollen, um sich selbst ein Bild von dieser verbotenen Liebe zu machen.

2 Der Schüler behauptet in seinem Text, dass „Die Schweigeminute" Lenz' beste Liebesnovelle sei. Wie erklärt er das? Belege die Aussage anhand von zwei Textbeispielen.

3 Worin besteht laut Tharan die Zeitlosigkeit der Novelle? Erläutere diese Aussage mithilfe von mindestens drei Textbelegen.

4 In einem Forum für Eltern ist dagegen zu lesen: „Die Jugendlichen haben schon genug mit ihrer eigenen Sexualität zu tun, da brauchen sie nicht auch noch durch den Deutschunterricht auf dumme Gedanken gebracht zu werden."

Worin liegt laut der Buchempfehlung der Wert der Novelle „Schweigeminute"? Schreibe einen kurzen Kommentar für das Internetforum. Belege deine Aussagen mit mindestens vier Textstellen aus Tharans Rezension.

[2] Siegfried Lenz: Schweigeminute, S. 7

Weil du nicht da bist *(Anja Alwan, 2017)*

Weil du nicht da bist, sitze ich alleine und schaue
traurig aus dem Fenster in den Wald.
Am Horizont ein Schimmer der Hoffnung, auf die ich baue,
der Herbst ist dieses Jahr verdammt früh, verdammt kalt.

Weil du nicht da bist, wälze ich mich schlaflos im Bett umher
und aus jeder Ecke starren Erinnerungen mich stumm an.
Niemals hätte ich es für möglich gehalten, doch es ist so schwer,
dass ich nicht weiß, wie und ob ich so weitermachen kann.

„Weil du nicht da bist", ruft mein Herz bei Tag und auch bei Nacht,
kann ich weder schlafen noch essen,
in meinem Kopf nur der Satz, der mich kaputtmacht.
Ich wusste nicht, wie schwer es wird, dich zu vergessen.

Weil du nicht da bist, scrolle ich in deinen Zeilen,
deine Worte so lebendig, so tief, so nah.
Auf deinem Bild darf ich nicht zu lange verweilen,
sonst siehst du, dass ich online war.

Lernzielkontrolle (A)	**Datum:** ____________________
Thema: Sprachliche Mittel erkennen und belegen	**Name:** ____________________

1 **Lies das Gedicht „Weil du nicht da bist“ aufmerksam durch.**

2 **Ergänze den folgenden Lückentext.**

Das Gedicht ______________________________ von ____________________

aus dem Jahr ______________________ handelt von ____________________

____.

3 **a) Welches der drei Sprachbilder kommt nicht im Gedicht vor? Kreuze es an.**

☐ Vergleich ☐ Hyperbel ☐ Personifikation

b) Schreibe ein selbst ausgedachtes Beispiel für dieses Stilmittel, das nicht im Gedicht vorkommt, auf.

____

____

____

____

4 **Jede Strophe beginnt mit den Worten *Weil du nicht da bist*. Wie nennt man dieses Stilmittel?**

____

5 **Ordne die folgenden Fachbegriffe den Stilmitteln zu. Manche Fachbegriffe passen gar nicht. Wähle einen passenden Fachbegriff aus und schreibe ihn in die Tabelle.**

Parallelismus – Ellipse – Anapher – Alliteration – Vergleich – Hyperbel – Antithese

Was geht?	
Wir wollen weniger wünschen.	
Sie tanzte, als gäbe es kein Morgen.	
Das habe dich dir doch schon tausendmal erklärt!	
Ich will ans Meer. Du willst in die Berge.	

Lernzielkontrolle (B)	**Datum:** ______________
Thema: Sprachliche Mittel erkennen und belegen	**Name:** ______________

1 **Lies das Gedicht „Weil du nicht da bist“ aufmerksam durch.**

2 **Notiere knapp einen typischen Einleitungssatz zum Thema des Gedichts.**

____

____

3 **a) Welches der drei Sprachbilder kommt nicht im Gedicht vor? Kreuze es an.**

☐ Vergleich ☐ Hyperbel ☐ Personifikation

b) Schreibe ein selbst ausgedachtes Beispiel für dieses Stilmittel, das nicht im Gedicht vorkommt, auf.

____

4 **Nenne jeweils ein Beispiel für die beiden Stilmittel, die im Gedicht vorkommen. Zitiere dazu aus dem Gedicht.**

5 **Beschreibe die Stimmung des Gedichts in eigenen Worten. Zitiere dazu ein neues Stilmittel, das du noch nicht benutzt hast und das deine Aussage unterstützt.**

6 **a) Wie nennt man das Stilmittel, das ein Gedicht flüssig lesen lässt? Nenne den Fachbegriff.**

____

b) Zitiere dieses Stilmittel aus dem Text.

____

7 **Bestimme die folgenden Stilmittel mit Fachbegriffen.**

Was geht?	
Wir wollen weniger wünschen.	
Sie tanzte, als gäbe es kein Morgen.	
Das habe dich dir doch schon tausendmal erklärt!	
Ich will tanzen. Du willst schlafen.	
Die tote Leiche wurde identifiziert.	
Worte können so verletzend, Worte können so wahr, Worte können so nichtssagend sein.	

Lernzielkontrolle (A)	**Datum:** ____________________
Thema: Satzreihe und Satzgefüge	**Name:** ____________________

1 **Lies die folgenden Sätze aufmerksam durch. Entscheide anschließend, ob diese Aussage auf eine Satzreihe oder ein Satzgefüge zutrifft. Schreibe in die rechte Spalte SR für Satzreihe oder SG für Satzgefüge.**

Aussage	SR/SG
Einen Satz, der aus zwei oder mehr Hauptsätzen besteht, nennt man …	
Ein/-e … ist eine Verbindung von mindestens einem Hauptsatz und mindestens einem Nebensatz.	
… müssen immer durch Kommata abgetrennt werden.	
Die Konjunktionen *aber, sondern, denn* und *doch* lassen erkennen, dass es sich um ein/-e … handelt.	
Ein/-e … kann mehrere Nebensätze enthalten, die mit Kommata getrennt werden.	

2 **Entscheide bei den folgenden Sätzen, ob es sich um eine Satzreihe (SR) oder um ein Satzgefüge (SG) handelt und notiere dies auf die Linie hinter dem Satz.**

a) Die Widerstandsgruppe „Die Weiße Rose" wurde zwar zerschlagen, aber sie ist bis heute ein Symbol für menschliche Zivilcourage. (____)

b) Die Haltung der Geschwister war nicht immer so klar gewesen, denn beide waren zuerst begeisterte Mitglieder in der Hitlerjugend bzw. im Bund Deutscher Mädel (BDM). (____)

c) Obwohl die Verfasser von Flugblättern und Anti-Hitler-Parolen lange unentdeckt blieben, wurden sie am Ende in der Münchner Universität gefasst und verhaftet. (____)

d) Dass dieser Widerstand mundtot gemacht werden musste, stand von vornherein fest. (____)

e) Noch heute werden Schulen nach den Geschwistern benannt, damit ihr Kampf für die Freiheit nicht in Vergessenheit gerät. (____)

3 **Verbinde die beiden Sätze zu einem Satzgefüge und setze passende Kommata. Du kannst die Sätze umstellen, verändere aber nicht den Sinn.**

a) Widerstand braucht Mut. Er kann mit dem Leben bezahlt werden.

____

____

b) Nicht alle Menschen kennen Sophie und Hans Scholl. Ein Film erinnert jährlich an die Geschwister.

____

____

c) Es gibt Diskussionen. Unsere Schule soll in Geschwister-Scholl-Schule umbenannt werden.

____

____

4 **Erkläre in eigenen Worten, woran du einen Hauptsatz von einem Nebensatz unterscheiden kannst.**

____

____

____

Lernzielkontrolle (B) **Datum:** ______________________

Thema: Satzreihe und Satzgefüge **Name:** ______________________

1 Erkläre in eigenen Worten, woran du einen Hauptsatz von einem Nebensatz unterscheiden kannst.

____

____

____

____

2 Auch Hauptsätze können durch Kommata getrennt werden. Nenne vier typische Konjunktionen, die zwei Hauptsätze verbinden.

____

____

3 Setze im folgenden Text alle fehlenden Kommata und unterstreiche alle Hauptsätze farbig.

Freiheit braucht Mut

Sophie und Hans Scholl waren Geschwister und Widerstandskämpfer im Nationalsozialismus. Die Haltung der Geschwister war nicht immer so klar gewesen denn beide waren zuerst begeisterte Mitglieder in der Hitlerjugend und im Bund Deutscher Mädel (BDM). Die beiden Studenten hatten die Nazidiktatur nicht hinnehmen wollen und kämpften mit ihren Mitstreitern von der Widerstandsbewegung „Weiße Rose" für Freiheit und Frieden. Lange blieb diese Widerstandbewegung unentdeckt weil Flugblätter und Anti-Hitler-Parolen in verschiedenen Städten auftauchten. Nachdem sie am 18. Februar 1943 einige hundert Flugblätter in der Münchner Universität verteilt hatten wurden sie dabei beobachtet und vom Hausmeister festgehalten. Obwohl sie sich ihrem Schicksal bewusst waren legten sie ein Geständnis ab und gaben zu dass sie Flugblätter gegen Adolf Hitler verfasst, getippt, vervielfältigt und verschickt haben. Dass dieser Widerstand mundtot gemacht werden musste stand von vornherein fest. So wurden Hans und Sophie Scholl für die Freiheit hingerichtet. Obgleich sie sich diesem Risiko immer bewusst waren bereuten sie bis zum Schluss nichts. Sie würden wenn sie noch einmal die Wahl hätten nichts an ihrem Vorgehen verändern. Es ist sicher dass die Scholl-Geschwister weil sie so viel Mut bewiesen haben während der Großteil der Menschen tatenlos schwieg in die Geschichte eingehen.
Der 22. Februar 1943 ist der letzte Tag für Hans und Sophie Scholl. Noch heute werden Schulen nach den Geschwistern benannt damit ihr Kampf für die Freiheit nicht in Vergessenheit gerät.

4 Schreibe zwei Satzreihen und zwei Satzgefüge aus dem Text heraus.

____

____

____

____

____

Lesetext Lernzielkontrolle Textsortenumwandlung – Perspektivisches Schreiben (1)

Schiffe *(Marlene Röder, 2011)*

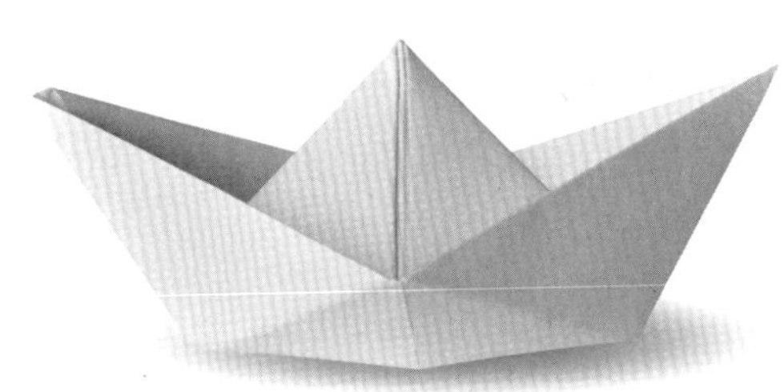

Ich sollte aufhören, Fische zu essen. Dann würde ich jetzt nicht an dieser dämlichen Theke anstehen und so tun, als hätte ich dich nicht bemerkt.

Wie lange ist es jetzt her? Acht Monate, neun? Die Linie deines Nackens. Deine Hände. Du bist der einzige Mensch, den ich kenne, der die Texte auf den Rückseiten von Verpackungen liest.

Du hast mich auch gesehen. Ich beobachte aus den Augenwinkeln, wie du zu mir rüberguckst. Ein kurzes Zögern. Dann kommst du geradewegs auf mich zu, den Kopf erhoben. Ich bin der Dritte in der Schlange an der Fischtheke. Mein Herz klopft, meine Hände sind feucht. Die toten Fische riechen nach Meer.

„Hallo Noah", sagst du. „Hallo Sarah", sage ich und dann ist da diese Stille. Nur durchbrochen vom tiefgekühlten Geklimper der Supermarktmusik. Vielleicht denkst du auch an das Ferienhaus auf der Insel. Fährst du immer noch hin? „Ist das nicht langweilig, jeden Sommer am selben Ort?", habe ich dich damals gefragt. Aber du hast gelächelt. „Nein. Es ist wie nach Hause kommen. Außerdem ist ja Jill da." Manchmal ist deine Cousine mitgekommen, wenn wir an den Strand gegangen sind. Jill hat es gemocht, ganz nahe an der Wasserlinie entlangzulaufen und im letzten Augenblick wegzuhüpfen, wenn die Wellen gekommen sind. Du hast den warmen Sand unter deinen Füßen gemocht.

Aber meistens sind wir zu zweit gewesen, wenn wir auf die Suche nach Strandgut gegangen sind: milchige, geschliffene Glasscherben, verlassene Häuser von Einsiedlerkrebsen. Einmal hast du ein Stück altes Fischernetz gefunden. Du hast es hochgehoben, durchgeguckt. „Hey, Noah-Fisch!", hast du gesagt und gelacht. „Ich hab dich gefangen." Das Netz hat Schattenrauten auf dein Gesicht gezeichnet. Die kleine weiße Narbe an deinem Kinn. Ich habe jede Raute, jeden Quadratzentimeter von dir gekannt damals. Inzwischen trägst du dein rotbraunes Haar kürzer. Es gefällt mir nicht. Es ist nicht mehr meins. Wir stehen jetzt zusammen an. Ich bin in der Schlange vorgerückt, nur noch ein alter Mann ist vor mir. Ich kann die Fische hinter der Glasscheibe der Theke sehen, gebettet zwischen Eiswürfeln. Ihre Augen sind blind.

Sind die Fensterbänke eures Ferienhauses immer noch mit Schiffen vollgestellt? Du hast sie mit deiner Familie gebaut. Und fünf sind von uns gewesen. Fünf Schiffe in zwei Sommern. […]

„Wie geht es dir?", frage ich. Mir fällt nichts Besseres ein. „Oh, ganz gut." Du lächelst. Ich weiß nicht, ob es Glück ist oder etwas anderes. „Ich bin jetzt seit einem halben Jahr wieder mit jemandem zusammen. Er heißt Jörg." „Schön", sage ich, „schön für dich", und würde am liebsten nach Jill fragen. Nur um dein Gesicht zu sehen. Aber dann lasse ich es, weil ich weiß, dass ich mir nur mies vorkommen würde. „Und bei dir so?", fragst du. Die Antwort bleibt mir erspart. „Ja, bitte?" Die Frau hinter der Fischtheke sieht mich ungeduldig an. Sie trägt Plastikhandschuhe, keimfrei. Mir ist entfallen, was ich kaufen wollte, also zeige ich auf den nächstbesten Fisch. Er ist braun und sieht aus wie ein Tiefseemonster.

„Seeteufel?", fragt die Fischfrau. „Ja."

Jörg heißt er also. Ich frage mich, ob er auch Schiffe mit dir baut und ob du ihm unsere gezeigt hast. Die gehen ihn nichts an. Schließlich sind es auch meine. Soll er eigene bauen, falls du ihn dazu kriegst.

„Neununddreißig Euro sechzig", sagt die Fischfrau und verpackt den Fisch, den ich mir eigentlich gar nicht leisten kann, sorgfältig in eine Plastiktüte.

Lesetext Lernzielkontrolle Textsortenumwandlung – Perspektivisches Schreiben (2)

Ich zahle, du stehst daneben. „War nett, dich mal wiederzusehen, Noah“, sagst du. „Ja“, antworte ich. „Also dann … ich muss jetzt mal wieder.“ Du nickst. „Ja klar. Tschüss.“

Ich gehe. Ich gehe und nach fünf Schritten ruft mir die Fischfrau nach, dass ich meinen Fisch vergessen habe. Als ich zurücklaufe, die Schultern zucke, ach kann doch mal passieren, erhasche ich aus den Augenwinkeln deinen Blick. Ich muss daran denken, wie du mich durch das Fischernetz angesehen hast, damals auf der Insel.

Einen Moment lang will ich dir sagen, dass du unsere alten Schiffe verbrennen sollst. Ein Feuer ist besser, als langsam auf dem Fensterbrett zu verstauben. Aber dann nehme ich nur meine Plastiktüte und gehe. Lange laufe ich durch die Stadt. Irgendwann bleibe ich am Kanal stehen, einem trüben Wasserstreifen zwischen schnurgeraden Betonmauern. Ich habe kein Schiff, aber ich habe einen Fisch, und das ist fast noch besser. Er ist schwer, ein totes Gewicht. Ich reiße die Plastiktüte auf. Soll der Scheißteufel doch zurück zur Insel schwimmen oder sonst wohin! In dem Moment, als ich ihn werfe, sieht er fast wieder lebendig aus. Dann trifft er auf die Wasseroberfläche und sinkt wie ein Stein.

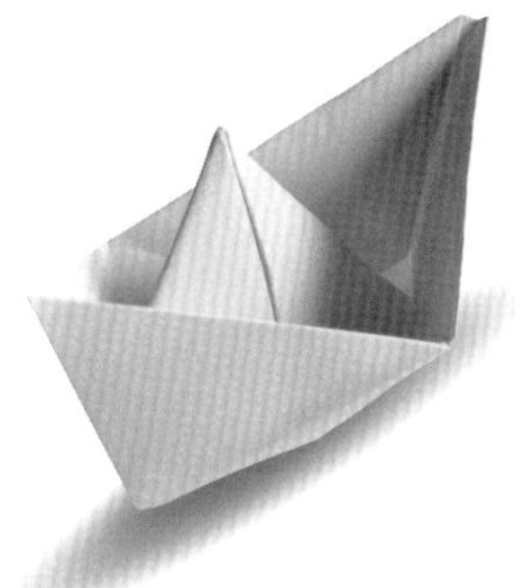

Quelle: *Marlene Röder: Melvin, mein Hund und die russischen Gurken. Ravensburg 2011, S. 6–10*

Lernzielkontrolle (A) **1**	**Datum:** ____________
Thema: Textsortenumwandlung – Perspektivisches Schreiben I	**Name:** ____________

1 **Lies die Kurzgeschichte „Schiffe“ von Marlene Röder aufmerksam durch.**

2 **Wie fühlt sich Noah, als er Sarah begegnet? Nenne fünf Adjektive, die seine Gefühlslage beschreiben. Notiere dahinter die Zeilen aus dem Text, die deine Auswahl belegen.**

Adjektiv	Zeile(n)

3 **Nummeriere die Ereignisse und Handlungen in der Reihenfolge des Erzählverlaufs von 1–4.**

Sätze	Nr.
Noah begegnet beim Einkaufen Sarah.	
Noah ist durcheinander und vergisst, den teuren Fisch mitzunehmen.	
Noah erinnert sich an die gemeinsame Zeit mit Sarah auf der Insel im Ferienhaus.	
Noah wird von der Fischfrau zurückgerufen und nimmt seinen Seeteufel mit.	

4 **a) Welche Merkmale hat die Kurzgeschichte? Ergänze den folgenden Merksatz.**

Kurzgeschichten beginnen in der Regel mit einem ____________ Einstieg. Eine Vorgeschichte fehlt. Außerdem gibt es meist nur ____________ Figuren. Oftmals wird ein Ausschnitt aus einer ____________ Situation näher dargestellt. Dabei gibt es einen ____________ im Leben der Hauptfigur. Typisch für eine Kurzgeschichte ist ein ____________ Ende.

b) Finde drei Merkmale, die belegen, dass es sich bei dem Text „Schiffe“ um eine Kurzgeschichte handelt. Notiere dies stichwortartig in der Tabelle.

Merkmal	Trifft auf „Schiffe“ zu, weil ...

5 „Noah ist eifersüchtig auf Jörg."

Erkläre diese Behauptung mithilfe eines Zitates aus dem Text.

6 Bearbeite <u>eine</u> der folgenden Aufgaben a) oder b).

a) Erzähle die Geschichte aus der Sicht von Sarah.

Ziel deiner Erzählung sollte sein, die Sichtweise, Gedanken und Gefühle von Sarah darzustellen.

b) Am Abend verfasst Noah einen Tagebucheintrag, in dem er die Ereignisse, das Verhalten von Sarah sowie seine Gedanken und Gefühle schildert und schließlich sein Verhalten beurteilt.

Ziel deiner Darstellung sollte sein, dass die Gedanken und Gefühle des Jungen deutlich werden. Ebenso sollten widersprüchliche Empfindungen gegenüber Sarah zum Ausdruck kommen. Beachte die Kriterien eines Tagebucheintrages.

Lernzielkontrolle (B)	**Datum:** ____________________
Thema: Textsortenumwandlung – Perspektivisches Schreiben I	**Name:** ____________________

❶ **Lies die Kurzgeschichte „Schiffe" von Marlene Röder aufmerksam durch.**

❷ **Wie fühlt sich Noah, als er Sarah begegnet? Nenne fünf Adjektive, die seine Gefühlslage beschreiben. Notiere dahinter die Zeilen aus dem Text, die deine Auswahl belegen.**

❸ **Nummeriere die Ereignisse und Handlungen in der Reihenfolge des Erzählverlaufs von 1–6.**

Sätze	Nummerierung
Noah wirft den Fisch wütend in den Kanal.	
Noah begegnet beim Einkaufen Sarah.	
Noah ist durcheinander und vergisst, den teuren Fisch mitzunehmen.	
Noah erfährt von Sarahs neuem Freund Jörg.	
Noah erinnert sich an die gemeinsame Zeit mit Sarah auf der Insel im Ferienhaus.	
Noah wird von der Fischfrau zurückgerufen und nimmt seinen Seeteufel mit.	

❹ **Nenne und belege vier Merkmale einer Kurzgeschichte, die in diesem Text zu finden sind.**

❺ **„Noah ist eifersüchtig auf Jörg."**

Erkläre diese Behauptung mithilfe von zwei verschiedenen Zitaten.

❻ *„Einen Moment lang will ich dir sagen, dass du unsere alten Schiffe verbrennen sollst. Ein Feuer ist besser, als langsam auf dem Fensterbrett zu verstauben."* (Z. 44 f.)

Erkläre, warum der Gedanke an die Zerstörung der Schiffe und später das Wegwerfen des Seeteufels sich für Noah richtig gut und befreiend anfühlt.

❼ **Bearbeite eine der folgenden Aufgaben a) oder b).**

a) Erzähle die Geschichte aus der Sicht von Sarah.

Ziel deiner Erzählung sollte sein, die Sichtweise, Gedanken und Gefühle von Sarah darzustellen.

b) Am Abend verfasst Noah einen Tagebucheintrag, in dem er die Ereignisse, das Verhalten von Sarah, seine Gedanken und Gefühle aus seiner Sicht schildert und schließlich sein Verhalten beurteilt.

Ziel deiner Darstellung sollte sein, dass die Gedanken und Gefühle des Jungen deutlich werden. Ebenso sollten widersprüchliche Empfindungen gegenüber Sarah zum Ausdruck kommen. Beachte die Kriterien eines Tagebucheintrages.

Lesetext Lernzielkontrolle Argumentieren in Form eines Lesebriefes (1)

Handyverbote sind von gestern

Bildung: Die Präsidentin der Kultusministerkonferenz, Claudia Bogedan, findet es nicht schlimm, wenn Schüler ihr Smartphone im Unterricht benutzen – und mehr wissen als ihre Lehrer.

Spiegel: Frau Bogedan, vor wenigen Wochen sind Sie zum zweiten Mal Mutter geworden. Was soll Ihre Tochter später zuerst lernen: Mit der Hand zu schreiben oder zu tippen?

Bogedan: Mit der Hand zu schreiben! Das ist der natürliche Zugang, wenn man sich das Schreiben aneignen möchte. Ich glaube, dass es sich auch in Zukunft nicht komplett erübrigen wird, Stift und Papier zu benutzen.

Spiegel: Internationale Vergleiche haben ergeben, dass deutsche Schüler mit den neuen Medien nicht so kompetent umgehen können. Haben die deutschen Schulpolitiker die Digitalisierung verschlafen?

Bogedan: Es stimmt, viele Schüler bewegen sich nicht sicher im Netz. Da müssen wir mehr Gas geben – und deshalb arbeiten die Kultusminister derzeit an einer Strategie zur Bildung in der digitalen Welt.

Spiegel: Die KMK hatte schon 2012 ein Papier dazu vorgelegt, passiert ist wenig. Warum soll es diesmal anders sein?

Bogedan: Weil die Gesellschaft erst jetzt so weit ist, über eine Arbeitswelt 4.0 zu sprechen. Die Digitalisierung wird nun überall sichtbar. Vor Jahren war das alles noch sehr abstrakt, heute ist es allen klar. Wir müssen unsere Kinder auf diese Welt vorbereiten.

Spiegel: Bundesbildungsministerin J. Wanka ist Ihnen zuvorgekommen und hat angekündigt, fünf Milliarden Euro in Breitbandanschlüsse und WLAN an Schulen investieren zu wollen.

Bogedan: Wenn das alles so passiert, wie Frau Wanka es verspricht, ist das ja prima. Das würde sich mit unseren Ideen ergänzen. Wir in der KMK allerdings glauben, dass das Pädagogische zuerst kommen muss. Also die Frage: Was sind die Bildungsziele, die wir erreichen wollen? Und im zweiten Schritt sprechen wir über die technische Ausstattung.

Spiegel: Welche Ziele meinen Sie?

Bogedan: Wir wollen einen sicheren Umgang nicht nur mit dem Internet, sondern mit digitalen Technologien insgesamt. Ein Kind sollte verstehen, warum Google mir andere Suchergebnisse anzeigt als ihm, obwohl wir das Gleiche eingetippt haben. Wir müssen über Entwicklungen wie Cybermobbing sprechen. Und ich denke, dass sich jeder Schüler zumindest Grundkenntnisse im Programmieren aneignen sollte.

Spiegel: Aber das ist ohne technische Geräte kaum möglich.

Bogedan: Natürlich ist es anschaulicher, wenn man das Gelernte gleich anwenden kann. Trotzdem muss zunächst klar sein, welche Kompetenzen wir überhaupt vermitteln möchten. Einfach jedem Kind einen Computer in die Hand zu drücken, ist nicht das, was ich unter gut gemachtem Unterricht in der digitalen Welt verstehe.

Spiegel: Manche Modellschulen, die Tablet-Klassen eingeführt haben, rühmen sich, heute schon kreidefrei zu arbeiten.

Lesetext Lernzielkontrolle Argumentieren in Form eines Lesebriefes (2)

Bogedan: Das sollte nicht das Ziel sein. Die schönsten Unterrichtsbeispiele, die ich gesehen habe, waren nicht die Tablet-Klassen – sondern die, in denen Computer eine Option unter vielen waren. Dort gab es trotzdem Hefte und Arbeitsblätter, je nachdem, was zur Lernsituation am besten passte. Der Reiz liegt in der Abwechslung.

Spiegel: Sowohl die Pläne der KMK als auch die des Bundesbildungsministeriums schließen Grundschulen ein. Sollen Sechsjährige tatsächlich schon mit Computern und dem Internet hantieren müssen?

Bogedan: Mein Sohn ist im Kindergartenalter, und selbst da ist das schon Thema. Ein Vierjähriger muss kein eigenes Smartphone oder Tablet besitzen. Andererseits wäre es falsch, Kinder vor dem Gerät der Eltern zu parken und sie damit alleine zu lassen. Je früher wir anfangen, ihnen zu vermitteln, wie man selbstbestimmt damit umgeht, umso besser. Sonst eignen sie sich Falsches an, was man mühevoll abtrainieren muss. Deshalb finde ich, dass digitale Medien auch in der Grundschule dazugehören.

Spiegel: In vielen Schulen fällt der Putz von den Wänden, es regnet in die Turnhalle, der Ausbau des Ganztagsangebotes kostet, ebenso die Umsetzung der Inklusion und die Integration von Flüchtlingskindern. Bleibt am Ende wirklich noch Geld für Digitalisierung?

Bogedan: Es wäre fatal, wenn das hinten runterfiele. Man darf diese Posten nicht gegeneinander ausspielen.

Spiegel: Aber finanzielle Mittel sind nun einmal begrenzt.

Bogedan: Wir leben in einem reichen Land, was immer noch nicht so viel für Bildung ausgibt wie vergleichbare Länder. Wir müssen Bildung zu einem Schwerpunkt machen. Bund, Länder und Kommunen müssen sich enorm anstrengen – gemeinsam.

Spiegel: Die Investitionen, die Frau Wanka vorgeschlagen hat, werden Folgekosten mit sich bringen. Technik veraltet, Geräte gehen kaputt. Bleibt das am Ende an den Kommunen als Schulträger hängen?

Bogedan: Das werden wir mit Frau Wanka erörtern müssen. Als Bremer Schulsenatorin weiß ich, was Folgekosten bedeuten. Deswegen sind wir in der KMK im Übrigen auch der Meinung, dass Schulen nicht für jeden Schüler ein Gerät anschaffen müssen. Warum sollten die Schüler nicht mit ihrem Smartphone arbeiten? Fast alle besitzen längst eins.

Spiegel: Viele Lehrer verbieten Handys im Unterricht. Wer ständig am Smartphone herumspielen kann, passt wahrscheinlich nicht mehr auf.

Bogedan: Handyverbote sind von gestern. Man kann Smartphones im Unterricht sehr clever einsetzen. Eine Englischlehrerin erzählte mir kürzlich, dass sie regelmäßig Texte zu Hause lesen lässt – und dann in der Schule per Handy abfragt, ob die Kinder ihn verstanden haben. Multiple Choice, die sich die Kinder herunterladen. Die Lehrerin erhält die Auswertung aufs Handy und kann sofort sehen, wie viele Schüler mitgekommen sind und wo es Probleme gab. Sie ist begeistert davon, weil es viel effizienter ist, als alles mündlich abzufragen. Wichtig ist nur, dass Kinder in der Schule das Gerät bewusst zum Arbeiten nutzen – und sonst weglegen.

Spiegel: Schüler betreiben Klassenchats bei WhatsApp, diskutieren Hausaufgaben in Facebook-Gruppen und kommunizieren auch in der Freizeit häufig digital. Haben sie ihre Lehrer bei der Mediennutzung nicht ohnehin abgehängt?

Bogedan: Ist das denn schlimm? Ein Lehrer muss nicht wissen, welche Apps gerade angesagt sind. Allerdings braucht er ein Grundverständnis dafür, wie im Netz kommuniziert wird, wie man Informationen findet und bewertet. Auch wenn viele Schüler privat ihre Geräte intensiv benutzen: Kompetenter Umgang ist das noch lange nicht.

Lesetext Lernzielkontrolle Argumentieren in Form eines Lesebriefes (3)

Spiegel: Sollten Lehrer verpflichtet sein, Seminare zu digitalen Medien zu besuchen?

Bogedan: Ja, in der Lehrerausbildung muss das ein verpflichtender Bestandteil sein.

Spiegel: Was ist mit denen, die aktuell lehren?

Bogedan: Wir können niemanden zwingen. Aber Lehrer wissen doch auch, dass sie sich dem Thema nicht verschließen können. Denen, die skeptisch sind, müssen wir die Angst nehmen. Dass viele Lehrer heute noch nicht mit digitalen Medien arbeiten, liegt auch daran, dass es bisher sehr umständlich war: Bis eine ganze Klasse in den Computerraum getippelt ist und die alten Möhren hochgefahren sind, ist die halbe Stunde schon vorbei. Mit neuen Geräten und flächendeckendem WLAN wird das komfortabler. Dann können digitale Medien Lehrkräfte enorm entlasten.

Spiegel: Wie?

Bogedan: Die Schülerschaft ist viel heterogener als noch vor einigen Jahren und wird auch durch die Inklusion noch weiter auseinanderdriften. Mit der richtigen Software kann jeder in seinem Tempo lernen und selbstständige Aufgaben bearbeiten. Schüler können zu Hause Lernvideos schauen, notfalls mehrfach, um den Stoff richtig zu durchdringen.

Spiegel: In den vergangenen Jahren haben zahlreiche Firmen digitale Lehrmaterialien, Apps und Lernspiele auf den Markt gebracht, die im Unterricht eingesetzt werden und im Gegensatz zu vielen Schulbüchern nicht von den Kultusministerien geprüft sind. Droht da ein Qualitätsproblem?

Bogedan: Wir müssen den Lehrkräften vertrauen – wie sonst übrigens auch. Da wird ja auch nicht nur mit dem Lehrbuch gearbeitet, das sehen wir schon an den Kopierkosten. Die Digitalisierung ermöglicht vielmehr ein Vieraugenprinzip, das sich positiv auf die Qualität auswirken könnte. Lehrer, die Parallelklassen unterrichten, können über eine digitale Plattform gemeinsam Übungsaufgaben sammeln, entwickeln und austauschen. In Bremen testen wir so etwas seit Kurzem. Sind die Materialien digital einmal vorhanden, wäre auch Unterrichtsausfall kein Problem mehr: Die Schüler können über eine Plattform auf die Aufgaben zugreifen, der Vertretungslehrer muss selbst nicht unterrichten.

Spiegel: Werden Lehrer in Zukunft also eher beaufsichtigen als lehren?

Bogedan: Meine Vision ist: Die Schüler eignen sich das Wissen zu Hause an, etwa über Videovorlesungen. In der Schule wird es dann mithilfe des Lehrers vertieft und geübt. Schule hat heute ohnehin mit der reinen Wissensvermittlung nicht mehr viel zu tun. Lehrer sind längst auch Lebensbegleiter, Erzieher und Sozialarbeiter.

Spiegel: In Deutschland hängt der Bildungserfolg sehr vom Elternhaus ab. Könnte die Digitalisierung den Graben vertiefen – zwischen Kindern, die mit der neuesten Technik ausgestattet sind, und denen, die sich das nicht leisten können?

Bogedan: Die Ausstattung ist nicht das Problem. Selbst in Brennpunktbezirken Bremens hat nahezu jedes Kind ein Smartphone. Ich fürchte aber, es könnte sich ein neuer Graben auftun: Auf der einen Seite Kinder, deren Eltern die Mediennutzung kritisch begleiten, die sich anschauen, was das Kind im Netz so treibt. Und auf der anderen die, die ohne Kontrolle und Anleitung drauflosdaddeln.

Quelle: *Interview aus: DER SPIEGEL 46/2016, S. 48–49*

Lernzielkontrolle (A) **Datum:** ____________________

Thema: Argumentieren in Form eines Leserbriefes **Name:** ____________________

❶ **Lies das Interview „Handyverbote sind von gestern“ aufmerksam durch.**

❷ **Verfasse einen Leserbrief:**

„Handyverbote sind von gestern“ lautet der Titel des Interviews mit Claudia Bogedan. Sollten Smartphones zukünftig auch an deiner Schule erlaubt werden? Erörtere die Probleme und Chancen dieser Idee und sprich im Schluss eine Empfehlung in der Schülerzeitung aus.

Stelle in deinem Schluss ebenso dar, welche Voraussetzungen an der Schule für eine Handy-/Smartphonenutzung geschaffen werden müssten.

Achte auf eine saubere Form und die formalen Anforderungen an einen Leserbrief.

Zähle zum Schluss alle Wörter!

❸ **Mache dir hier nun einige Stichworte, bevor du den Leserbrief verfasst.**

Lernzielkontrolle (B)	**Datum:** ____________
Thema: Argumentieren in Form eines Leserbriefes	**Name:** ____________

❶ **Lies das Interview „Handyverbote sind von gestern“ aufmerksam durch.**

❷ **Verfasse einen Leserbrief:**

„Handyverbote sind von gestern“ lautet der Titel des Interviews mit Claudia Bogedan. Sollten Smartphones zukünftig auch an deiner Schule erlaubt werden? Erörtere die Probleme und Chancen dieser Idee und sprich im Schluss eine Empfehlung in der Schülerzeitung aus.

Stelle in deinem Schluss ebenso die Intention von Frau Bogedan dar.

Achte auf eine saubere Form und die formalen Anforderungen an einen Leserbrief. Nutze für deine Darstellung auch die folgenden statistischen Daten.

Zähle zum Schluss alle Wörter!

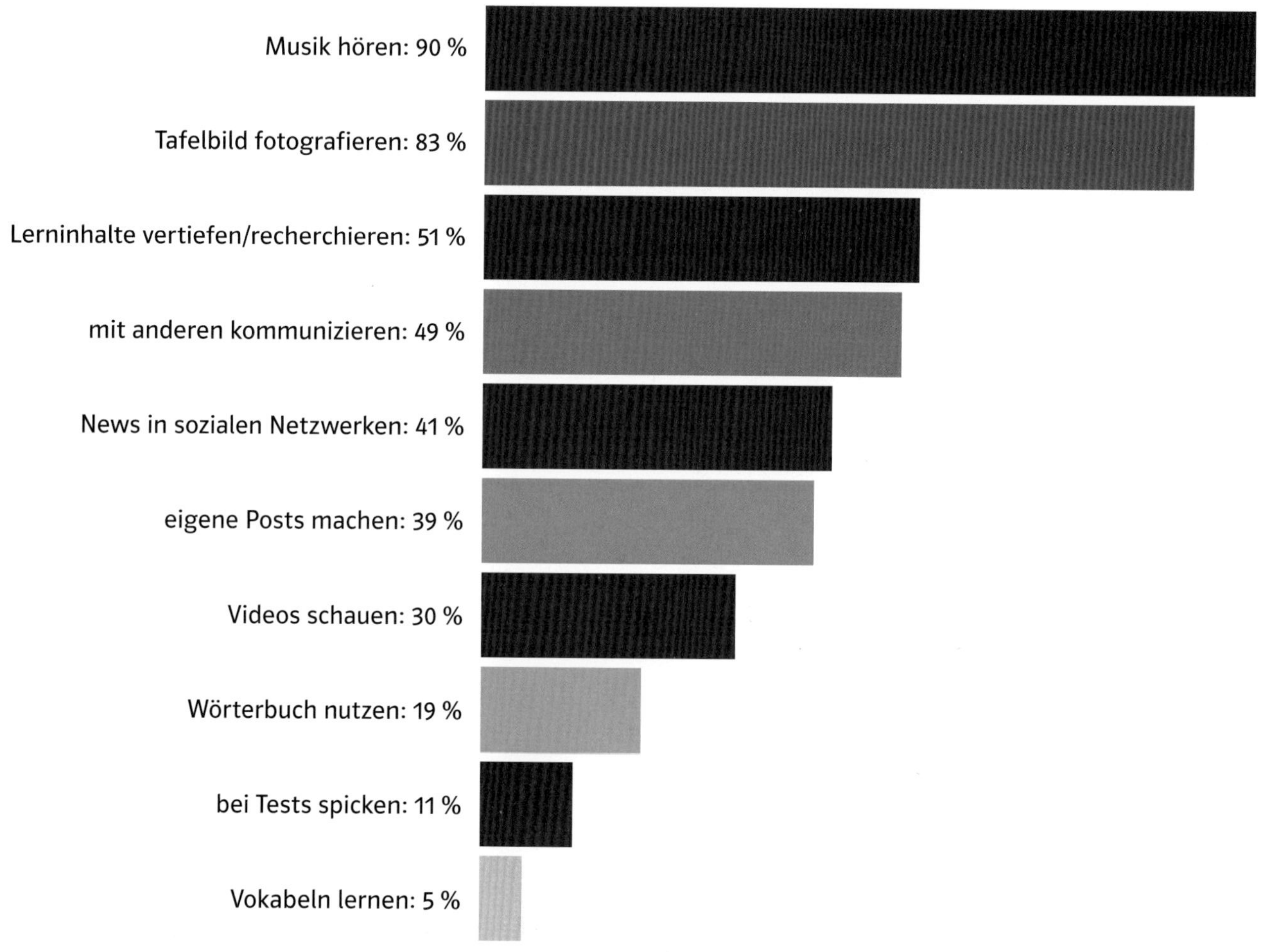

Lesetext Lernzielkontrolle Textsortenumwandlung – Perspektivisches Schreiben II (1)

Wahrheit oder Pflicht *(Marlene Röder, 2011)*

Als die Flasche zum Stillstand kommt, zeigt sie auf ihn. Wahrheit oder Pflicht? Weil er es nicht mag, ausgefragt zu werden, sagt er: „Pflicht."

Jetzt stehen sie zusammen im Badezimmer und er betrachtet die Zahnbürsten ihrer Eltern, die in trauter Zweisamkeit in einem Becher stehen, daneben eine Dinozahnbürste, und – in einem Extrabecher – ihre Glitzerzahnbürste. Er ist sich sicher, dass sie ihren Freundinnen vor dem Spiel genaue Anweisungen gegeben hat. Wahrscheinlich war es nur eine Frage der Zeit, bis sie beide hier landen. Er lehnt an der geschlossenen Badezimmertür, hört das gedämpfte Schwatzen und Lachen der anderen dahinter. „Und was jetzt?", fragt er. „Du könntest mich küssen." Irrt er sich, oder ist Janina gerade ein bisschen rot geworden? Nein, das kann nicht sein, *Janina, you're so hot! Wish you make my body rock …* Die Türen auf dem Schulklo wissen alles. Auf der Liste der schärfsten Mädchen der Schule rangiert sie auf Platz drei. Nach Rihanna und Ellie. Er stößt sich von der Badezimmertür ab.

Janina macht beim Küssen die Augen zu. Sie sieht ganz anders aus, wenn das Blitzen ihrer blauen Augen weggeschlossen ist. Ihre Augenlieder sind zart und durchscheinend. Im Schwimmunterricht läuft sie immer in diesem winzigen Bikini rum, aber irgendwie hat sie da weniger nackt ausgesehen als jetzt. Er sieht ihre beiden Gesichter im Badezimmerspiegel.

Fabian W. + Janina B. = <3

Sind sie jetzt das neue Traumpaar? Janinas Zunge in seinem Mund. Müsste sich das nicht irgendwie anders anfühlen, wenn man mit dem drittschärfsten Mädchen der Schule rumknutscht? Fabian versucht sich zu konzentrieren.

Wish you make my body rock.

Plötzlich hämmert jemand von außen gegen die Badezimmertür. „Hey, ihr Turteltäubchen! Fünf Minuten sind um!" Fabian will sich von Janina lösen, aber sie hält ihn fest. „Ist doch egal", flüstert sie und drängt sich dicht an ihn. Er kann ihre Brüste durch den Stoff spüren. Da stößt er sie leicht zurück, er weiß auch nicht, wie das gekommen ist. Etwas in Janinas Augen verändert sich. „Was ist, bist du schwul oder was?"

Einen Moment ist Fabian sprachlos. Dann reagiert er ohne nachzudenken. „Spinnst du? Bloß weil jemand nicht auf dich steht, muss er doch nicht gleich schwul sein!" Ihre Augen blitzen wie blaue Glasscherben, scharfkantig, das kann einem echt fast Angst machen, ihm natürlich nicht, aber jemand anderem könnte das Angst machen …

Janina B. ist eine fiese Drecksschlampe

„Komm schon, die anderen warten", fügt er hinzu und ärgert sich, dass es wie eine Entschuldigung klingt. Als er die Badezimmertür aufschließt, empfangen sie Pfiffe, blöde Sprüche und der Blitz von Fraukes Kamera. „Wie war's denn?", fragt Ellie, und Janina schenkt ihr das Lächeln einer Frau, die wunderbare Geheimnisse hat. Fabian grinst auch. Seine Mundwinkel tun weh.

Fabian W. + Janina B. = <3

Janina flüstert mit Ellie und Ellies Mund formt ein perfektes lautloses Oh! Während die beiden Mädchen noch zu ihm rüberstarren, beginnt die Flasche sich schon wieder zu drehen. „Alles okay?", fragt Lukas neben ihm leise. „Klar", antwortet Fabian.

Pass auf, wenn du neben Lukas pinkelst!

Lesetext Lernzielkontrolle Textsortenumwandlung – Perspektivisches Schreiben II (2)

Die Flasche dreht sich wieder und bleibt stehen. „Wahrheit oder Pflicht?“, fragt Janina. „Wahrheit“, antwortet Lukas. „Wen würdest du lieber knutschen? Ellie oder Fabian?“, will Janina wissen. Lukas zögert. „Fabian“, sagt er dann und grinst.

Lukas ist schwul!

Die Stille, die danach folgt, ist gefüllt mit Ausrufezeichen. Janina hakt nach: „Würdest du mit Fabian zum Knutschen ins Bad gehen?“ Lukas zögert nun länger. „Käme darauf an, was Fabian dazu meint“, sagt er schließlich. „Und was meint Fabian dazu?“, fragt Janina lauernd. Ihre Augen blitzen, blaue Scherben, ihr Lächeln entblößt ihre glitzernden Zähne.

Jetzt glotzen alle im Raum Fabian an. Fehlt nur noch, dass Frauke ein Foto von ihm schießt. Fabian springt auf. Jede Faser seines Körpers steht in Flammen. „Ich knutsche doch nicht mit 'nem Kerl rum!“, ruft er, ohne Lukas anzusehen, ohne zu sehen, was der für ein Gesicht macht, ist ihm auch egal. „Mir reicht's mit der Kinderkacke hier!“ Er stürmt aus dem Zimmer. Die Haustür schlägt hinter ihm zu. Es schneit immer noch und Fabian hat seine Jacke vergessen. Egal. Er steht in der Auffahrt und saugt die frostprickelnde Nachtluft in seine Lunge. Er hasst Janina, diese fiese Drecksschlampe, und Lukas hasst er auch und die anderen, die geglotzt haben. Am liebsten würde Fabian abhauen, aber er weiß nicht mehr, in welche Richtung die Bushaltestelle ist. Hier sehen alle Häuser gleich aus. Langsam fängt er an zu frieren, so ohne Jacke, aber er kann da jetzt unmöglich wieder reingehen.

Plötzlich geht die Tür auf und jemand kommt raus. In dem seltsamen Winterlicht erkennt er erst nach einer Weile, dass es Lukas ist.

Lukas Homofürst.

Lukas hat Fabians Jacke unter dem Arm, aber Fabian will seine Jacke nicht. Und Lukas will er auch nicht. Lukas hängt die Jacke an den Gartenzaun. Dann hört Fabian das Geräusch eines springenden Basketballs, der Löcher in die Schneedecke stanzt.

„Hab ich im Flur gefunden. Lust auf ein Spiel?“, fragt Lukas. Sonst nichts. Dribbelt nur ein bisschen. Fabian hätte nicht gedacht, dass man im Schnee Basketball spielen kann, aber es geht, obwohl sie rutschen und schlittern. Er versucht Lukas den Ball abzuluchsen, aber Lukas ist der Beste ihrer Mannschaft und spielt Fabian mühelos aus. Der Schnee knirscht unter ihren Sohlen und Lukas lacht. Bei diesem Lachen spürt Fabian plötzlich wieder die Wut. Er gibt jetzt 110 Prozent, aber wenn er den Ball erobert hat, verliert er ihn sofort wieder an Lukas. Das ist kein Spiel mehr, das ist eine Art stummer Kampf. Lukas hat die bessere Technik, aber Fabian ist stärker. Mit voller Wucht rempelt er Lukas an. Lukas stürzt und der Basketball kullert davon.

Fabian steht keuchend da und schaut auf seinen Gegner hinunter, der auf dem Boden liegt. Lukas Arme sind ausgebreitet, als wollte er einen Schneeengel machen. Kinderkacke. Wenn die Flügel zweier Schneeengel sich berühren, ist man verliebt. Warum muss er jetzt an so einen Scheiß denken? Der Sturz hat bestimmt wehgetan, aber Lukas liegt nur da und schaut zu ihm hoch.

Homofürst.

„Geht's dir jetzt besser?“, fragt Lukas.

Fabian antwortet nicht, was soll man darauf auch antworten.

Quelle: *Marlene Röder: Melvin, mein Hund und die russischen Gurken. Ravensburg 2011, S. 77–82*

Lernzielkontrolle (A)	**Datum:** ____________________
Thema: Textsortenumwandlung – Perspektivisches Schreiben II	**Name:** ____________________

1 **Lies die Kurzgeschichte „Wahrheit oder Pflicht“ von Marlene Röder aufmerksam durch.**

2 **Schreibe die Kurzgeschichte aus der Perspektive von Lukas oder aus der Sicht von Janina.**

Denke daran, Gedanken und Gefühle einzubauen. Schreibe aus einer einheitlichen Perspektive. Überlege dir, was die Person weiß und was nicht.

a) Fülle dazu zunächst den Schreibplan aus:

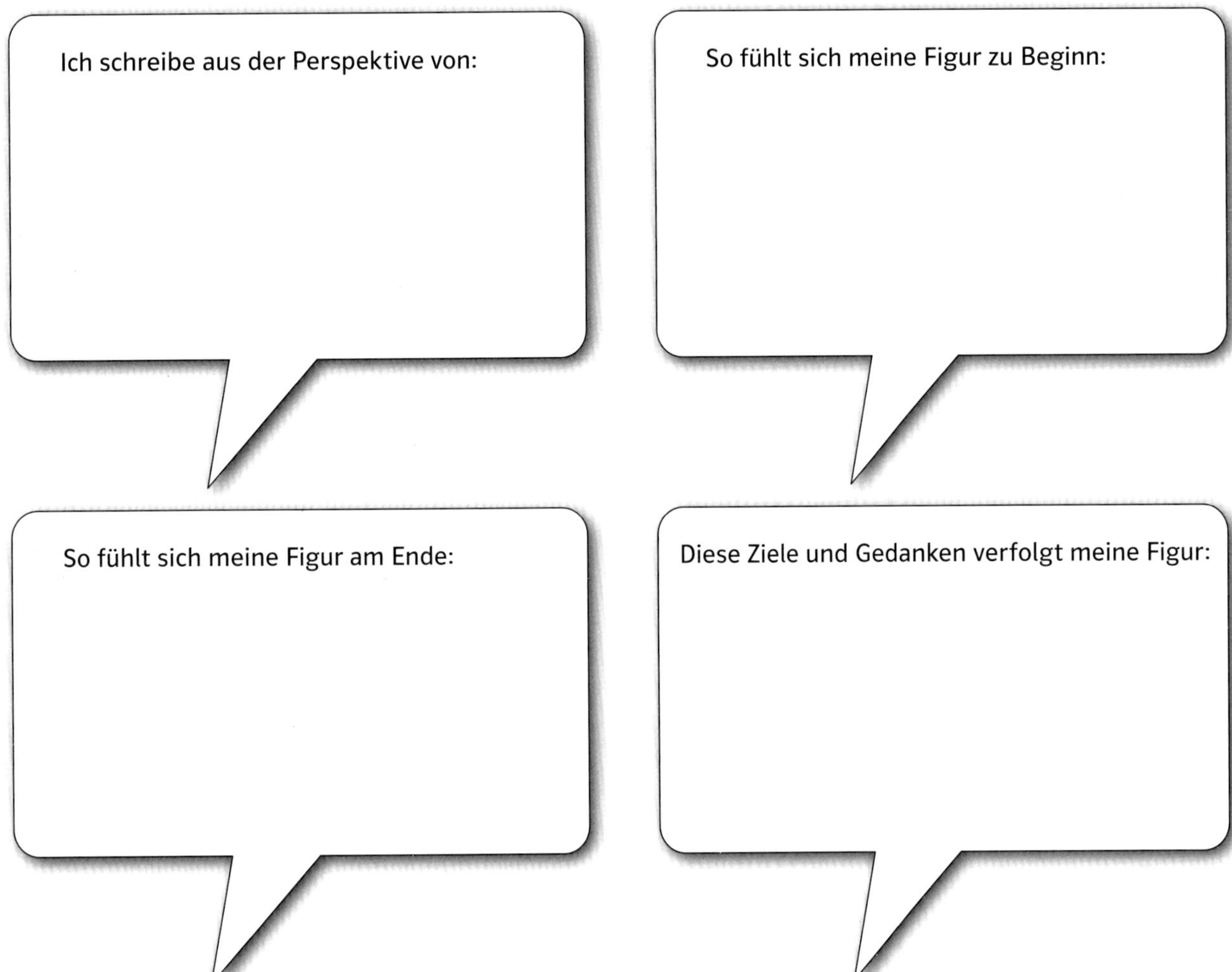

b) Schreibe nun die Geschichte in Reinform auf.

Denke daran, die wörtliche Rede zu benutzen, Gedanken und Gefühle einzubauen und in Ich-Form zu schreiben. Zähle am Ende deine Wörter.

Lernzielkontrolle (B) **Datum:** ______________________

Thema: Textsortenumwandlung – Perspektivisches Schreiben II **Name:** ______________________

1 **Lies die Geschichte „Wahrheit oder Pflicht“ von Marlene Röder aufmerksam durch.**

2 **Schreibe die Kurzgeschichte aus der Perspektive von Lukas oder aus der Sicht von Janina.**

Denke daran, Gedanken und Gefühle einzubauen. Schreibe aus einer einheitlichen Perspektive. Überlege dir, was die Person weiß und was nicht.

Mache dir zunächst einen Schreibplan mit Stichworten.

Zähle am Ende deine Wörter.

Lesetext Lernzielkontrolle Eine Satire verstehen

Das charmanteste Wesen auf der Welt *(Kübra Tsagkir Dereli, 2011)*

Männer – wir alle kennen sie.

Die gefühlvollsten und charmantesten Wesen auf der Welt. Bei einem Liebesfilm weinen sie ein Meer aus Tränen und wir Frauen schließen sie in unsere Arme und übernehmen die Rolle des Trösters. Seit Neuestem ähneln sie auch einer Frauenkopie und man muss schon zweimal hinschauen, um herauszufinden, ob es sich hier um ein weibliches oder männliches Wesen handelt. Die Augenbrauen werden gezupft, die Beine rasiert und erst diese entzückenden Schals, die sie tragen: Die Farbe Pink, welche ihnen sehr gut steht, bringt die Barbieseite des Mannes zum Vorschein und wir können uns alle vorstellen, wie sie sich innerlich wünschen, als Mädchen auf die Welt gekommen zu sein. Und nicht zu vergessen, Betrügen ist gar nicht ihre Art. Es ist ja nicht schlimm, dass ihr Blick der Oberweite anstatt den Augen geschenkt wird. Bestimmt schauen sie auch nur jedem zweibeinigen Wesen hinterher, um über die Kleidung und den Stil zu diskutieren. Deswegen kann man sie doch nicht verurteilen. Sie sind so süß und unschuldig und würden niemals beim Anblick einer Dame einen Gedanken an Sex verschwenden. Schließlich suchen sie ja die Liebe ihres Lebens und sind bereit, alles dafür zu riskieren, die romantischsten und außergewöhnlichsten Dinge vorzubereiten und ihre Liebe der ganzen Welt mitzuteilen. Haben Sie jemals einen unordentlichen Mann erlebt? Nein? Ich auch nicht. Sie sind flink wie eine Maus und räumen jede kleinste Ecke des Hauses auf, dass nicht einmal ein Krümel zu finden ist. Faul vor dem Fernseher rumzusitzen ist gar nichts für sie. Am liebsten gehen sie in die Küche und zaubern ein 5-Gänge-Menü, und dies in nur fünf Minuten. Männer sind einfach unbeschreiblich und kaum von einem Engel zu unterscheiden. Wir Frauen fragen uns ständig, womit wir sie bloß verdient haben. Und gebt es zu, Mädels, wir haben doch alle heimlich den Wunsch, ein Mann zu sein.

Männer – man kann sie nicht beschreiben, man muss sie erleben.

Lernzielkontrolle (A) **1**

Thema: Eine Satire verstehen

Datum: ____________________

Name: ____________________

1 **Lies den Text „Das charmanteste Wesen auf der Welt" aufmerksam durch.**

2 *In einer Satire werden Verhaltensweisen von Personen, Personengruppen oder gesellschaftliche Gegebenheiten lächerlich gemacht und dadurch kritisiert.*

Beantworte die folgenden Fragen in eigenen Worten.

a) Welche Personengruppe wird im Text „Das charmanteste Wesen auf der Welt" kritisiert?

____

____

b) Nenne mindestens zwei Eigenschaften der „charmantesten Wesen der Welt", die im Text kritisiert werden.

____

____

3 **Die Autorin setzt häufig das Stilmittel der *Ironie* ein.**

a) Zitiere eine ironische Textstelle.

____

____

b) Erkläre an dieser Textstelle, dass es sich um eine ironisch gemeinte Darstellung handelt.

____

____

4 **Nenne ein Vorurteil aus dem Text und widerlege es mit einem passenden Gegenbeispiel.**

____

____

____

5 **Erläutere, was mit folgenden Aussagen eigentlich gemeint ist:**

a) „Die gefühlvollsten und charmantesten Wesen auf der Welt." (Z. 2)

____

____

b) „Und nicht zu vergessen, Betrügen ist gar nicht ihre Art." (Z. 8)

c) „Haben Sie jemals einen unordentlichen Mann erlebt?" (Z. 14)

6 **Markiere eine Textstelle, in der sich ein Vergleich befindet.**

7 **a) Lies dir noch einmal die Überschrift durch.**

b) Findest du sie gelungen? Erkläre warum bzw. warum nicht.

c) Denke dir eine neue passende Überschrift aus.

8 **a) Lies die folgende Information aufmerksam durch.**

Rosa war nicht immer die Mädchenfarbe. Das „kleine Rot" stand nämlich bis zur Mitte des 20. Jahrhunderts für Blut und Kampf und damit für Männlichkeit. Mädchen trugen dagegen oftmals Blau, da im Christentum die Jungfrau Maria ganz häufig Blau trägt. Später wurde das Blau durch Arbeiterkleidung, Uniformen und die Jeans stark vermännlicht. Die Modeindustrie durchbricht diese strikte Trennung immer wieder. Im Jahr 2017 kann man in der Werbung vernehmen: Echte Männer tragen in diesem Sommer Rosa.

b) Erkläre, was in der Satire mit der Farbe Rosa verbunden wird.

c) Wie siehst du das? Können auch Männer die Farbe Rosa tragen? Nimm dazu Stellung.

Lernzielkontrolle (B) 1	**Datum:** ____________________
Thema: Eine Satire verstehen	**Name:** ____________________

1 **Lies den Text „Das charmanteste Wesen auf der Welt" aufmerksam durch.**

2 *„In einer Satire werden Verhaltensweisen von Personen oder Personengruppen oder gesellschaftliche Gegebenheiten lächerlich gemacht und dadurch kritisiert."*

Beantworte die folgenden Fragen in eigenen Worten.

a) Welche Personengruppe wird im Text „Das charmanteste Wesen auf der Welt" kritisiert?

b) Nenne drei Eigenschaften der „charmantesten Wesen der Welt", die im Text kritisiert werden.

3 **Formuliere einen Einleitungssatz, indem du Titel, Autorin, Textart, Erscheinungsjahr und das Thema knapp benennst.**

4 **Die Autorin setzt häufig das Stilmittel der *Ironie* ein. Erkläre eine Textstelle, an der man erkennen kann, dass es sich um eine ironisch gemeinte Darstellung handelt.**

5 **Nenne zwei Vorurteile, die die Autorin im Text aufgreift, und widerlege diese durch passende Beispiele.**

6 **Erläutere, was mit folgenden Aussagen eigentlich gemeint ist.**

a) „Die gefühlvollsten und charmantesten Wesen auf der Welt." (Z. 2)

b) „Und nicht zu vergessen, Betrügen ist gar nicht ihre Art." (Z. 8)

c) „Haben Sie jemals einen unordentlichen Mann erlebt?" (Z. 14)

d) „Faul vor dem Fernseher rumsitzen ist gar nichts für sie." (Z. 15 f.)

7 **Zitiere eine Textstelle, in der sich ein Vergleich befindet.**

____

____

8 **a) Lies dir noch einmal die Überschrift durch.**

b) Findest du sie gelungen? Erkläre warum bzw. warum nicht.

____

____

c) Denke dir eine neue passende Überschrift aus.

____

____

9 Belege anhand einer Textstelle, dass der Ich-Erzähler der Satire eine Frau ist.

____

____

10 a) Lies die folgende Information aufmerksam durch.

Rosa war nicht immer die Mädchenfarbe. Das „kleine Rot" stand nämlich bis zur Mitte des 20. Jahrhunderts für Blut und Kampf und damit für Männlichkeit. Mädchen trugen dagegen oftmals Blau, da im Christentum die Jungfrau Maria ganz häufig Blau trägt. Später wurde das Blau durch Arbeiterkleidung, Uniformen und die Jeans stark vermännlicht. Die Modeindustrie durchbricht diese strikte Trennung immer wieder. Im Jahr 2017 kann man in der Werbung vernehmen: Echte Männer tragen in diesem Sommer Rosa.

b) Erkläre, was in der Satire mit der Farbe Rosa verbunden wird.

____

____

c) Wie siehst du das? Können auch Männer die Farbe Rosa tragen? Nimm dazu Stellung.

____

____

11 Tharan meint: „Ich finde den Text gar nicht so falsch. Er ist natürlich übertrieben, beinhaltet aber auch viel Wahrheit."

Nimm Stellung zu dieser Aussage. Begründe deine Meinung auf der Grundlage des Textes und auch eigenen Erfahrungen.

12 a) Überlege dir zwei Klischees/Vorurteile gegenüber Frauen.

b) Schreibe diese nun in eigenen Worten ironisch auf.

Lesetext Lernzielkontrolle Einen Sachtext verstehen

Fernsehen der Zukunft

Das Smartphone hat einige Geräte in einem vereint. Undenkbar sind MP3-Player oder einfache Digitalkameras für die junge Generation. Zwar kann man mittlerweile auch auf dem Smartphone fernsehen, aber deshalb sind TV-Geräte nicht wegzudenken. Erst seit den 1950er-Jahren wurde der Fernseher ein Massenprodukt. Noch immer boomt der Absatz. Mehrere Millionen Geräte gehen jährlich über die Ladentische in Deutschland. Aber auch die Fernseher der neuen Generation können sich sehen lassen: Sie sind nicht nur größer, sie sind auch vernetzt und haben Zugriff auf das Internet. Auf diesem Weg lassen sich die Geräte auch mit neuen Programmen und Funktionen ausstatten, die über das Internet geladen werden. Der Hightech-Verband Bitkom spricht schon von einer „Zeitenwende". Nichtsdestotrotz stehen schon heute nicht mehr in jedem Haushalt Fernsehgeräte herum, die abgestaubt werden müssen. Die Tendenz geht in Richtung größerer, aber versteckter Geräte. Des Weiteren werden Fernsehinhalte immer seltener linear geschaut. Netflix oder Amazon Prime setzen die traditionellen Sender unter Druck. So ist vieles im Fernsehen in Bewegung zum Nutzen von Produzenten und Zuschauern. Aber, das alles hat auch seinen Preis. Die oben genannten Anbieter verlangen Abogebühren und oftmals fallen für weitere oder neuere Programminhalte Zusatzgebühren an. Das sogenannte Streamen ist auch in Deutschland angekommen und verändert damit die Fernsehgewohnheiten. Ein vorhandener Internetanschluss ist somit Pflicht geworden. Flachbildschirme verschmelzen mit der Wand oder auch dem Fenster sowie dem Badezimmerspiegel oder den Möbeln im Wohnzimmer. Aber auch rollbare und faltbare Displays, die nur wenige Millimeter dick sind, können in naher Zukunft real sein. Vorstellbar sind damit wie eine Projektor-Leinwand abrollbare Fernseher, die nach dem Gebrauch in der Decke oder im Sideboard verschwinden. Receiver und der Inhalt des Fernsehprogramms könnten sich bequem via Smartphone oder durch Gesten steuern lassen. Das ist schon heute bei einigen Geräten möglich. Das Fernsehen der Zukunft wird vor allem ganz anders sein. Nicht nur, dass TV, Video und Web in wenigen Jahren vollständig miteinander verschmolzen sein werden. Wir werden auch Dinge zu sehen bekommen, die uns in eine lange, spannende Geschichte hineinziehen, bei der es uns die Technik ermöglicht, mit mehr Realismus mitten in der Story zu sein, als wir es uns je vorstellen konnten. Der Trend um das 3-D-Fernsehen scheiterte zwar daran, dass die Zuschauer keine Brillen tragen wollten, aber diese sind auch nicht mit Virtual-Reality-Brillen zu vergleichen. Diese simulieren die Anwesenheit in dieser geschaffenen Welt oder aber Filmen und können verschiedene Sinneseindrücke wie Sehen, Geräusche und Berührungen intensiv darstellen.

Lernzielkontrolle (A) **1** **Datum:** ____________________

Thema: Einen Sachtext verstehen **Name:** ____________________

1 Lies den Text „Fernsehen der Zukunft“ aufmerksam durch.

2 Kreuze an, ob die folgenden Aussagen richtig oder falsch sind.

Aussage	**richtig**	**falsch**
Das Smartphone wird in Zukunft den klassischen Fernseher ersetzen.		
Seit Mitte des 20. Jahrhunderts wurde der Fernseher zu einem Massenprodukt und ist dies nach wie vor.		
Mehrere Millionen neue Fernseher werden jedes Jahr weltweit verkauft.		
Serien zu streamen, kostet bei den privaten Anbietern Geld.		
Fernsehgeräte werden sich in Zukunft stark verändern.		
3-D-Fernseher sind das Highlight in jedem Wohnzimmer.		
Neue Möglichkeiten der Erlebniswelt Fernsehen ergeben sich durch Virtual-Reality-Brillen.		

3 Beantworte die folgenden Fragen in ganzen Sätzen.

a) Warum spricht der Verband Bitcom von einer „Zeitenwende“ (Z. 8)?

____

____

b) Warum ist vieles im Fernsehen „in Bewegung“ (Z. 11)?

____

____

c) Was könnte es in Zukunft anstatt eines klassischen Fernsehgerätes geben?

____

____

4 Erkläre die Begriffe in eigenen Worten.

a) simulieren (Z. 25)

b) Abogebühren (Z. 12)

c) Tendenz (Z. 9)

d) Gesten (Z. 19)

____

____

5 **Erläutere in eigenen Worten, wie sich das Fernsehen der Zukunft laut dem Text entwickeln könnte.**

---

6 **Erkläre anhand der folgenden Textstelle, wie der Autor zu dieser Entwicklung steht.**

„Wir werden auch Dinge zu sehen bekommen, die uns in eine lange, spannende Geschichte hineinziehen, bei der uns die Technik ermöglicht, mit mehr Realismus mitten in der Story zu sein, als wir es uns je vorstellen konnten."

---

7 **„Fernsehen am Nachmittag bildet. Man erfährt z. B., wen man wie verklagen kann."**

a) Erläutere, was das Zitat über das Fernsehprogramm aussagt.

---

b) Erkläre, inwiefern sich dieses Problem in Zukunft in Luft auflösen könnte.

Lernzielkontrolle (B)	**Datum:** ____________
Thema: Einen Sachtext verstehen	**Name:** ____________

❶ **Lies den Text aufmerksam durch.**

❷ **Kreuze an, ob die folgenden Aussagen richtig oder falsch sind.**

Aussage	richtig	falsch
Das Smartphone wird in Zukunft den klassischen Fernseher ersetzen.		
Seit Mitte des 20. Jahrhunderts wurde der Fernseher zu einem Massenprodukt und ist dies nach wie vor.		
Mehrere Millionen neue Fernseher werden jedes Jahr weltweit verkauft.		
Serien zu streamen, ist bei privaten Anbietern kostenpflichtig.		
Fernsehgeräte werden sich in Zukunft stark verändern.		
3-D-Fernseher sind das aktuelle Highlight in jedem Wohnzimmer.		
Neue Möglichkeiten der Erlebniswelt Fernsehen ergeben sich durch Virtual-Reality-Brillen.		

❸ **Beantworte die folgenden Fragen in ganzen Sätzen.**

a) Warum spricht der Verband Bitcom von einer „Zeitwende“ (Z. 8)?

b) Warum ist vieles im Fernsehen „in Bewegung“ (Z. 11)?

c) Was könnte es in Zukunft anstatt eines klassischen Fernsehgerätes geben?

d) Wie und warum könnte das Fernsehen der Zukunft zu einem regelrechten Erlebnis werden?

❹ **Erkläre die Begriffe in eigenen Worten.**

a) simulieren (Z. 25)

b) Abogebühren (Z. 12)

c) Tendenz (Z. 9)

d) Gesten (Z. 19)

e) Realismus (Z. 23)

f) via (Z. 19)

❺ **Erkläre anhand einer Textstelle, wie der Autor zum Fernsehen der Zukunft steht.**

❻ Eine 70-jährige Frau behauptet: *„Meine Enkel hängen doch sowieso nur noch am Smartphone. Die Zeiten des Fernsehens gehören der Vergangenheit an! Bald wird keiner mehr einen Fernseher besitzen, denn da läuft sowieso nur noch Schrott!“*

Erläutere ihr in eigenen Worten, wie sich das Fernsehen der Zukunft entwickeln könnte.

❼ *„Das Fernsehprogramm, dieselben Filme und Serien haben Generationen miteinander verbunden. Auch heute ist die Frage, welche Serie man schaut, in sozialen Beziehungen von Bedeutung. Allerdings müssen das im Gegensatz zu früher nicht mehr dieselben Serien oder Filme sein.“*

a) Erläutere, was das Zitat über das Fernsehprogramm von früher aussagt.

b) Erkläre, inwiefern sich dies in Zukunft ändern wird.

Lesetext Lernzielkontrolle Lyrik verstehen

Von Montag früh bis Wochenend *(Mascha Kaléko, 1933)*

Morgens raus zum Dienst am Kunden,
denn so will es der Beruf,
weil zum Sklaven der acht Stunden
uns der liebe Gott erschuf.
Mittags rein in die Kantine,
– Flammerie und Himbeersaft –
Und dann marsch an die Maschine,
frisch ans Werk mit neuer Kraft!
    Seht uns nur an: Da rackert man und rennt
    Von Montag früh bis Wochenend!

Abends rein in das Gedränge,
Feierabend Galgenfrist,
weil du nur ein Mensch der Menge
„Herr Normalverbraucher" bist.
Wozu lebt man? Um zu essen!
Jugendträume? Längst verblüht!
Für die „höheren Interessen"
ist man meistens viel zu müd!
    Seht uns nur an: Da rackert man und rennt
    Von Montag früh bis Wochenend!

Siebzig Jahr währt dies Leben,
das um so viel dich betrog,
und wenn's hoch kommt, achtzig Jahre –
ach uns kommt so manches hoch!
Färb beizeiten dir die Haare,
weil man straflos nicht ergraut.
Menschen sind nicht Mangelware:
Wer ergraut – wird abgebaut!
    Dann hast du Zeit – Dann mach dein Testament
    von Montag früh bis Wochenend!

Quelle: Mascha Kaléko: Die paar leuchtenden Jahre. dtv Verlagsgesellschaft, München 2003

Lernzielkontrolle (A) **1** **Datum:** ____________________

Thema: Lyrik verstehen **Name:** ____________________

❶ **Lies das Gedicht „Von Montag früh bis Wochenend“ von Mascha Kaléko aufmerksam durch.**

❷ **Ergänze den Einleitungssatz einer Schülerin:**

In dem Gedicht ______________________________ von ______________________________

aus dem Jahr ______________________________ geht es um ______________________________

____

____.

❸ **Kreuze die richtige Antwort an.**

a) Das Gedicht ...

- hat einen regelmäßigen Aufbau. Es besteht aus drei Strophen mit jeweils zehn Versen.
- hat einen unregelmäßigen Aufbau. Es besteht aus zehn Strophen mit jeweils drei Versen.
- hat einen regelmäßigen Aufbau. Es besteht aus drei Strophen mit jeweils acht Strophen.

b) Das lyrische Ich ...

- freut sich auf einen neuen Arbeitstag.
- beklagt den harten Arbeitsalltag.
- kann sich mit seinem Arbeitsalltag identifizieren.

c) Das Gedicht beschreibt ...

- einen typischen Arbeitsalltag, der von Montag bis Montag geht.
- einen typischen Arbeitsalltag von montags bis freitags.
- einen typischen Arbeitsalltag, der täglich zehn Stunden Arbeit beinhaltet.

d) Das lyrische Ich ...

- hat eigene Träume und Ziele.
- ist nach dem Arbeiten zu antriebslos, um Träume und Ziele umzusetzen.
- findet in der Freizeit einen Ausgleich zum Arbeiten.

❹ *„Seht uns nur an: Da rackert man und rennt*
Von Montag früh bis Wochenend!“ (V. 9 f.)
Erkläre an diesem Zitat das Verhältnis des lyrischen Ichs zum Arbeiten.

____

____

____

____

____

Lernzielkontrolle (A)	**2**	**Datum:** ______________
Thema: Lyrik verstehen		**Name:** ______________

5 **Schaue dir Gedichtanfang und Gedichtende an. Beschreibe in eigenen Worten, was die Arbeit aus dem lyrischen Ich im Laufe eines Lebens macht.**

6 *In V. 17 f. heißt es: „Für die ‚höheren Interessen' ist man meistens viel zu müd!"*

a) Nenne vier Beispiele, welche „höheren Interessen" das lyrische Ich nach der Arbeit haben könnte.

b) Das lyrische Ich ist aber meistens „viel zu müd!" – Was sagt das über die Arbeit aus?

7 **Leben wir, um zu arbeiten oder arbeiten wir, um zu leben?**

a) Wie steht das Gedicht dazu? Zitiere eine passende Textstelle.

____

____

b) Erkläre, was damit gemeint sein könnte. Was bedeutet das für das Leben des lyrischen Ichs? Welche Auswirkungen hat es auf den Alltag?

____

____

____

____

____

____

8 **Nimm Stellung zu der Frage, ob die dargestellte Sichtweise auf den Arbeitsalltag auch noch für die Gegenwart Gültigkeit besitzt.**

9 **a) Wähle, welche der folgenden Aussagen deiner Meinung nach am besten zum Gedicht passt. Markiere diese.**

A *„Es gibt weder gute noch schlechte Jobs. Gut oder schlecht ist das, was einer aus seinem Job macht." (Edward Teller)*

B *„Ich bin gesund und kann arbeiten, was verlang' ich mehr?" (Johann Wolfgang von Goethe)*

C *„Arbeit ist das halbe Leben."*

D *„Die ersten fünf Tage nach dem Wochenende sind die schlimmsten."*

E *„Arbeit ist des Lebens Würze!"*

b) Begründe deine Auswahl. Warum passt diese Aussage deiner Meinung nach?

Lernzielkontrolle (B)	**Datum:** ____________________
Thema: Lyrik verstehen	**Name:** ____________________

1 **Lies das Gedicht „Von Montag früh bis Wochenend“ von Mascha Kaléko aufmerksam durch.**

2 **Schreibe einen typischen Einleitungssatz zum Gedicht auf.**

3 **Beantworte die folgenden Fragen in ganzen Sätzen:**

a) Wie ist das Gedicht formell aufgebaut?

b) Was thematisiert das Gedicht?

c) Wie ist die Stimmung des lyrischen Ichs im Gedicht?

d) Wovon ist das Leben des lyrischen Ichs bestimmt?

4 **Beschreibe in eigenen Worten, was die Arbeit aus dem lyrischen Ich im Laufe eines Lebens macht.**

5 **Zitiere zwei Textstellen, die belegen, dass das lyrische Ich ein negatives Verhältnis zum Arbeiten hat.**

6 **Leben wir, um zu arbeiten oder arbeiten wir, um zu leben?**

Erkläre anhand einer passenden Textstelle, wie das Gedicht dazu steht. Gehe auch darauf ein, was das für das Leben des lyrischen Ichs bedeutet.

7 **Nimm Stellung zu der Frage, ob die dargestellte Sichtweise auf den Arbeitsalltag auch noch für die Gegenwart Gültigkeit besitzt.**

8 **a)** **Lies die folgende Aussage von Manuel aufmerksam durch.**

> „Warum sollte ich morgens früh aufstehen, um beispielswiese für andere Brötchen zu backen? Ich kann doch auch einfach liegen bleiben, denn ich will gar nicht arbeiten. Stattdessen will ich lange liegen bleiben. Das klingt vielleicht asozial, aber ist doch meine Sache! Oder?!
>
> Ich halte das so, wie Friedrich Nietzsche bereits meinte: ‚Wer von seinem Tag nicht zwei Drittel für sich selbst hat, ist ein Sklave!‘ Der Tag hat nun einmal nur 24 Stunden. Ich brauche ja wohl auch Zeit für mich. Vor allem genug Zeit. Ich will nicht so gestresst sein wie alle. Anstatt leben, um zu arbeiten, schränke ich mich also lieber ein! Der Staat sorgt ja für mich! Verhungern muss hier keiner!“

b) **Vergleiche die Einstellung von Manuel mit der des lyrischen Ichs aus dem Gedicht. Erläutere Gemeinsamkeiten und Unterschiede.**

c) **Kannst du Manuel zustimmen? Warum bzw. warum nicht? Nimm dazu Stellung**

Getrennt- und Zusammenschreibung (A) Seite 5

❶ Sport treiben, Strand liegt, Treppen steigen, Volleyball spielen, Einfluss nehmen

❷ a) gar nicht, bitterböse (oder bitter böse), süßsauer (oder süß, sauer), zu viel, sportbegeistert (oder Sport, begeistert), irgendwo
GAR/NICHT/BITTER/BÖSE/SÜß/SAUER/ZU/VIEL/SPORT/ BEGEISTERT/IRGENDWO
b) *individuelle Schülerlösung*; je nach Abtrennung in der Wortschlange

❸ a) ~~spazierenfahren~~. b) beide Schreibungen möglich, empfohlen: liegen bleibt
c) ~~nichtauszuhalten~~. d) ~~wieviele~~
e) ~~völlig über laufen~~ f) ~~vorher sagen~~
g) ~~wo anders~~

Getrennt- und Zusammenschreibung (B) Seite 6

❶ Im Urlaub möchte Birthe mehr ***Sport treiben***, während ihr Mann lieber faul am ***Strand liegt***. Anja dagegen hasst es nur, wenn sie ***Treppen steigen*** muss. Manuel will abends mit Freunden am Strand ***Volleyball spielen.*** Weil das Büfett im Hotel so lecker ist, wollen die Freunde durch Sport auf ihr Gewicht positiven ***Einfluss nehmen.***

❷ a) gar nicht, bitterböse (oder bitter, böse), süßsauer (oder süß, sauer), zu viel, sportbegeistert (oder Sport, begeistert); irgendwo, überhaupt nicht
GAR/NICHT/BITTER/BÖSE/SÜß/SAUER/ZU/VIEL/SPORT/ BEGEISTERT/IRGENDWO/ÜBERHAUPT/NICHT
b) *individuelle Schülerlösung*; je nach Abtrennung in der Wortschlange

❸ a) ~~spazierenfahren~~ → Wortgruppen aus zwei Verben werden getrennt geschrieben.
b) beide Schreibungen möglich, empfohlen: liegen bleibt
c) ~~nichtauszuhalten~~ → Das Adverb „nicht" wird abgetrennt, da es sich auf den gesamten Satz bezieht.
d) ~~wieviele~~ → Fragewörter mit „wie" werden getrennt geschrieben.
e) ~~völlig über laufen~~ → neue Wortbedeutung, also wird es zusammengeschrieben.
f) ~~vorher sagen~~ → neue Wortbedeutung, also wird es zusammengeschrieben.
g) ~~wo anders~~ → Adverb
h) ~~Spazieren gehen~~ → Bei Substantivierung wird zusammengeschrieben.
i) ~~um rundet~~ → Das Verb mit dem Präfix „um" wird nicht immer zusammengeschrieben.
j) beide Schreibungen möglich, empfohlen: schwer verständlich

Rechtschreibstrategien anwenden (A) Seite 7

❶

	Strategie
1. Endlich steht die Entscheidung fest.	A oder C
2. Oma kauft Opa einen neuen Gartenzwerg.	B
3. Anton gräbt im Wald nach antiken Münzen.	C
4. Beim Laufen sah sie einen Hirsch.	D
5. Hast du die Miete schon überwiesen?	E
6. Das Mammut stammt aus der Urzeit.	A oder C
7. Sie vergaß ihre Hausaufgaben.	E
8. Du hast Nutella am Kinn.	E
9. Er verliebte sich in ihr Lachen.	D

❷ a) Millionen b) Nutzerzahl c) fleißig
d) Filter e) aufpassen f) unattraktiv

❸ **Dass oder das?**
a) dass b) Dass c) Das, das

Rechtschreibstrategien anwenden (B) Seite 8

❶

Ableiten	**Verlängern**	**Zerlegen**
Um zu wissen, ob du ein Wort mit **e oder ä bzw. eu oder äu** schreiben musst, kannst du die **Ableitungsprobe** durchführen. Dazu musst du ein verwandtes Wort finden: z. B. laufen– der Läufer.	Um zu wissen, ob du b/p, g/k und d/t schreiben musst, kannst du die Verlängerungsprobe durchführen. Bei Nomen bildest du dazu den Plural: z. B. der Tag – die Tage, der Wald – die Wälder. Bei Verben bildest du den Infinitiv: z. B. sie legt – legen. Bei Adjektiven bildest du den Komparativ: z. B. kalt – kälter.	Zusammengesetzte Wörter kann man in ihre Bestandteile zerlegen, um die richtige Rechtschreibung zu überprüfen. z. B. Vorsilbe abtrennen: über – ragend → Doppel-r

❷ korrekte Schreibung: Millionen, Apps, Nutzerzahl, fleißig, seit, Werbeverbot, dass, genervt, Filter, niedliche, Mann, aufpassen, Mädchen, unattraktiv

❸ a) Das = A, das = A b) das = A
c) dass = K d) Dass = K, das = A
e) das = A, das = R f) Dass = K, Das = D
g) das = D

Satzverknüpfungen (A) Seite 9

❶ *mögliche Lösung:*
a) Mädchen und Jungen für neue Berufswege zu interessieren, das ist das Ziel des jährlichen Girls' und Boys' Days, welcher seit 2001 stattfindet.
b) Dieser Tag ermöglicht es Jungen und Mädchen, in neue Berufsfelder einzutauchen, da sie die meisten Berufe kaum kennen.
c) So können sich Mädchen in naturwissenschaftlich-technischen Berufen umsehen, während Jungen einen Einblick in soziale, erzieherische oder pflegerische Bereiche erhalten können.
d) Unsere Schule hat alle 7. Klassen verpflichtet daran teilzunehmen, weil sie so die Chance bekommen, neue Eindrücke zu erhalten.

e) Dieser Tag ist wichtig für die zukünftige Berufswahl, denn diese überfordert viele Jugendliche und so wählen sie nur ihnen bekannte Berufe.

❷ *mögliche Lösung:*
Auch im Jahr 2017 gibt es typische Männer- und Frauenberufe. Frauen sehen vor allem im Bereich der Erziehung und Pflege ihre Berufung, da sie gerne mit Menschen arbeiten. Außerdem suchen sie sich häufig einen Beruf, der gut mit einer Familie vereinbar ist. Diese Berufswahl führt auch oft dazu, dass Frauen ein geringeres Einkommen haben. Der Girls' und Boys' Day wird organisiert, damit Mädchen und Jungen in „untypische" Berufe eintauchen können. Auch im Jahr 2017 erfordert es Mut für Jungen und für Mädchen, einen Beruf auszuwählen, wenn dieser nicht gängigen Klischees entspricht. Die Realität zeigt, dass nicht jeder Friseur schwul ist und nicht jede Frau technisch unbegabt ist. Nach wie vor werden Frauen auch im Jahr 2017 schlechter bezahlt als Männer, obwohl sie die gleiche Arbeit leisten. Auch das ist ein Kriterium bei der Berufswahl und sollte sich dringend ändern.

❸ *Mögliche Lösung:*
a) Eine Studie der Universität Frankfurt zeigt, dass Frauen andere Berufe als Männer wählen und erlernen.
b) Der Girls' Day soll zeigen, dass auch technische Berufe Spaß machen können.
c) Dass Erzieher, Krankenpfleger oder Verkäufer interessante und abwechslungsreiche Berufe sind, sollte der Boys' Day zeigen.
d) Dass ihre Berufsvorstellung vom eigenen Geschlecht geprägt ist, sollen Jugendliche erkennen.

Satzverknüpfungen (B) — Seite 10

❶ *mögliche Lösung:*
a) Mädchen und Jungen für neue Berufswege zu interessieren, das ist das Ziel des jährlichen Girls' und Boys' Days, welcher seit 2001 stattfindet.
b) Dieser Tag ermöglicht es Jungen und Mädchen, in neue Berufsfelder einzutauchen, da sie die meisten Berufe kaum kennen.
c) So können sich Mädchen in naturwissenschaftlich-technischen Berufen umsehen, während Jungen einen Einblick in soziale, erzieherische oder pflegerische Bereiche erhalten können.
d) Unsere Schule hat alle 7. Klassen verpflichtet daran teilzunehmen, weil sie so die Chance bekommen, neue Eindrücke zu erhalten.
e) Dieser Tag ist wichtig für die zukünftige Berufswahl, denn diese überfordert viele Jugendliche und so wählen sie nur ihnen bekannte Berufe.
f) Doch es gibt sehr viele verschiedene Berufsmöglichkeiten, welche im Jahr 2017 nicht mehr vom Geschlecht abhängig sein sollten.

❷ Mir ist durchaus bewusst, dass Sie **ja** eine Fülle von Bewerbungen erhalten. Allerdings bin ich der festen Überzeugung, dass meine **recht** guten schulischen Qualifikationen Sie überzeugen werden. Ich fahre **übrigens** in den Ferien nicht in Urlaub, sodass wir **durchaus** zeitnah ein Bewerbungsgespräch durchführen können.

❸ *mögliche Lösung:*
a) Eine Studie der Universität Frankfurt zeigt, dass Frauen andere Berufe als Männer wählen und erlernen.
b) Der Girls' Day soll zeigen, dass auch technische Berufe Spaß machen können.
c) Dass Erzieher, Krankenpfleger oder Verkäufer interessante und abwechslungsreiche Berufe sind, sollte der Boys' Day zeigen.
d) Dass ihre Berufsvorstellung vom eigenen Geschlecht geprägt ist, sollen Jugendliche erkennen.
e) Wissenschaftler warnen davor, beruflich unflexibel zu sein, da es in Zukunft fast unmöglich ist, lebenslang ein und denselben Beruf auszuführen.
f) Arbeitsmarktforscher haben herausgefunden, dass Unternehmen gern bekannte Arbeitskräfte einstellen.

Indirekte Rede (A) — Seite 11

❶ In unserem Interview mit der Schülerzeitung erklärte Prof. Dr. Lieblich, dass es keine allgemeingültige Definition für Intelligenz gebe. Aber er habe großes Interesse, diese Frage mit uns zu diskutieren. „Die Wissenschaft unterscheidet fünf Formen von Intelligenz: die sprachliche, die mathematische, die technische, die musische und die emotionale. Außerdem spielt natürlich auch die Geschwindigkeit eine Rolle, in der man Informationen verarbeiten kann", meint er. „Und umfasst die künstliche Intelligenz all diese fünf Formen?" Seit man 1956 auf einer Konferenz zum ersten Mal Maschinen präsentierte, die Schach und Dame spielen konnten, spräche man von künstlicher Intelligenz. Bereits 2006 habe ein Programm den Menschen im komplexen asiatischen Brettspiel Go geschlagen, was bis dahin undenkbar gewesen sei. „Diese Idee wird gegenwärtig immer weiter verfeinert, u.a. durch hohe Investitionen. Des Weiteren werden von den Maschinen unfassbare Datenmengen verarbeitet, sie werden dadurch praktisch immer klüger, um nicht zu sagen, immer menschenähnlicher. Für manches reicht den Maschinen ein einfaches Update, wofür der Mensch monatelang lernen muss, z.B. für eine Abschlussprüfung!" Das mache ihm ein wenig Angst. Dass Maschinen moralisch handeln, daran glaube der Professor nicht. „Aber Menschen handeln auch nicht immer moralisch korrekt, so bleibt am Ende die Frage, ob wir Menschen somit die besseren Maschinen seien unbeantwortet", denkt Prof. Dr. Lieblich.

❷ *Mögliche Lösung:*
a) In Zukunft manage ein Roboter Industrieanlagen und helfe im Haushalt, so Prof. Dr. Lieblich.
b) Die Maschinen seien Partner und zugleich Konkurrenten, fasst Prof. Dr. Lieblich zusammen.
c) Prof. Dr. Lieblich meint, dass einige Arbeitsplätze in naher Zukunft aussterben.
d) Dafür entstehen wiederum neue Arbeitsplätze, meint er.
e) Er ist überzeugt, dass die Maschinen alle Sprachen dieser Welt sprechen.
f) Prof. Dr. Lieblich sagt voraus, dass die Maschinen neue Wörter, neue Bewegungen oder neue Geräusche dazulernen.

❸ *mögliche Lösung:*
Prof. Dr. Lieblich: „Maschinen können sich auch langweilen, dann sagen sie, bis man sich wieder mit ihnen beschäftigt, ‚langweilig!'. Dies kann mit der Zeit auch sehr anstrengend sein, schließlich ist man nicht der Babysitter eines Roboters!"

❹ *mögliche Lösung:*
a) Ich wünschte, es gäbe ausreichende Studien zu den negativen Aspekten der künstlichen Intelligenz.
b) Ich wünschte, alle Menschen könnten sich einen Roboter leisten.

Indirekte Rede (B) Seite 12

❶ *Mögliche Lösung:*
Der Interviewer fragte Prof. Dr. Lieblich, was Intelligenz für ihn sei. Daraufhin meinte Prof. Dr. Lieblich, dass es dafür keine allgemeingültige Definition gebe, denn die Wissenschaft unterscheide fünf Formen von Intelligenz: die sprachliche, die mathematische, die technische, die musische und die emotionale. Außerdem spiele natürlich auch die Geschwindigkeit eine Rolle, in der man Informationen verarbeiten könne.
Daraufhin wurde die Frage gestellt, ob die künstliche Intelligenz all diese fünf Formen umfasse. Dazu sagte Prof. Dr. Lieblich, dass man seit 1956 von künstlicher Intelligenz spreche, nachdem man auf einer Konferenz zum ersten Mal Maschinen präsentierte, die Schach und Dame spielen konnten. Bereits 2006 habe ein Programm den Menschen im komplexen asiatischen Brettspiel Go geschlagen, was bis dahin undenkbar gewesen sei. Diese Idee werde gegenwärtig immer weiter verfeinert, unter anderem durch hohe Investitionen. Des Weiteren verarbeiten Maschinen unfassbare Datenmengen, wodurch sie praktisch immer klüger würden, um nicht zu sagen, immer menschenähnlicher. Für manches reiche den Maschinen ein einfaches Update, wofür der Mensch monatelang lernen müsse, z. B. für eine Abschlussprüfung.
Dabei stellt sich die Frage, ob das nicht auch ein wenig beängstigend sei. Der Professor gibt zu, dass ihm das auch ein wenig Angst mache. Aber ganz ersetzen könne die Maschine den Menschen trotzdem nicht, denn Menschen handeln nun einmal nicht immer gleich bzw. haben unterschiedliche Moralvorstellungen. Aber Menschen handeln auch nicht immer moralisch korrekt, sodass am Ende die Frage offen bleibe, ob die Menschen die besseren Maschinen seien.
Zum Schluss wurde die Frage gestellt, was er sich für die Zukunft wünsche. Prof. Dr. Lieblich wünscht sich eine Verantwortung der Wissenschaft gegenüber den Menschen. Es solle möglich sein, dass sich jeder Haushalt einen Roboter leisten könne und die Vereinfachung des Lebens nicht vom finanziellen Rahmen abhängig wäre. Gleichzeitig hoffe er, dass die ganzen Filmemacher unrecht behalten und die Maschinen den Menschen nicht übertrumpfen oder gar ausrotten werden.

Kommasetzung (A) Seite 13

❶

	Begründung
Frau Alwan hat einen Kater, denn sie mag Tiere.	C
Weil die Schüler lernten, schafften sie ihre Prüfung mit links.	B
Das Mädchen, das neben Luis sitzt, heißt Chana.	A
„Wann schreiben wir die Mathearbeit?", fragt Max.	D

❷ Durch das vergessene Komma zwischen „Menschen" und „kochen" verändert sich der Sinn des Satzes. Es geht in dem Kochkurs nicht darum, Menschen zu kochen.

❸ a) Links wird Oma gegessen, rechts wird Oma zum Essen aufgefordert.
b) Einmal soll hier etwas beendet/gestoppt werden. Ohne Komma bedeutet es genau das Gegenteil. Etwas soll nicht beendet/gestoppt werden.
c) Einmal will der Mann die Frau nicht. Einmal will der Mann, aber die Frau nicht.

❹ a) Autsch, der Tee war noch sehr heiß!
b) Für den Abschlussstreich brauchen wir noch ein Motto, Musik, Alkohol, Spiele und Seifenblasen.
c) Du wirst die Prüfung vielleicht schaffen, obwohl du nicht viel gelernt hast.
d) Dass das Ende der Schulzeit so anstrengend sein wird, hat mir niemand gesagt.

Kommasetzung (B) Seite 14

❶ a) Das Komma trennt eine Satzreihe.
b) Das Komma trennt den konjunktionalen Nebensatz vom Hauptsatz.
c) Das Komma trennt den Relativsatz vom Hauptsatz.
d) Das Komma trennt den Redebegleitsatz von der wörtlichen Rede.
e) Das Komma trennt Gegensätze.

❷ a) Im ersten Satz denken Mädchen, dass Jungs ohne sie hilflos seien. Im zweiten Satz dagegen denken die Jungs, Mädchen seien ohne sie hilflos.
b) Einmal soll hier etwas beendet/gestoppt werden. Ohne Komma bedeutet es genau das Gegenteil. Etwas soll nicht beendet/gestoppt werden.
c) Einmal will der Mann die Frau nicht. Einmal will der Mann, aber die Frau nicht.
d) Links wird Oma gegessen, rechts wird Oma zum Essen aufgefordert.
e) Im ersten Satz haben es laut den Lehrern die Schüler gut. Im hinteren Satz dagegen haben es laut den Schülern die Lehrer gut.

❸ a) Autsch, der Tee war noch sehr heiß!
b) Für den Abschlussstreich brauchen wir noch ein Motto, Musik, Alkohol, Spiele und Seifenblasen.
c) Du wirst die Prüfung vielleicht schaffen, obwohl du nicht viel gelernt hast.
d) Dass das Ende der Schulzeit so anstrengend sein wird, hat mir niemand gesagt.
e) Frau Freitag, unsere Lieblingslehrerin, fährt dieses Jahr mit auf Abschlussfahrt.
f) Frau Freitag freut sich nicht so richtig, denn eine Abschlussfahrt bedeutet immer wenig Schlaf.

Textsortenumwandlung – Perspektivisches Schreiben (A) Seite 16

❷ *individuelle Lösung*, z. B. „Viele Fragen"

❸ Die Adjektive sollen hergeleitet werden. Es geht nicht darum, dass diese so im Text stehen. (Z.). *Individuelle Lösung, z. B.*

Ich		Du	
verzweifelt	Z. 5 + 6	einsam	Z. 18 + 19
genervt	Z. 2 + 3	traurig	Z. 3
mutig	Z. 27	nervös	Z. 27 + 28
ängstlich	Z. 12	zuversichtlich	Z. 30

❹ a) (Z. 3–5)
Es scheint als ob die Hauptfiguren eine Beziehung gehabt hätten, ansonsten ist nicht zu verstehen, warum aufgrund von Eifersucht die eine Person das Verhältnis ohne einen Kommentar abbricht.

b) (Z. 26–30)
Die beiden Hauptfiguren haben sich offensichtlich länger nicht gesehen. Es herrschte eine Funkstille zwischen den beiden. Über den Kontaktabbruch wurde nicht offen gesprochen, sodass die Situation verunsichernd ist und beide offenbar angespannt sind. Sie wissen nicht genau, wie sie nun damit umgehen sollen, stehen sich aber nun unausweichlich gegenüber.

❺ a) *individuelle Lösung*, z. B.

Ich: „Guten Morgen!"

Du: „Guten Morgen!"

Ich: „Was machst du hier? Warum bist du nicht im Matheunterricht?"

Du: „Warum bist du nicht wie immer an der Hauptwache ausgestiegen? Ich war schon öfter nicht im Matheunterricht, weil ich unbedingt mit dir reden muss!"

Ich: „Ich habe deine Nachrichten bekommen. Aber ich wollte dir nicht antworten."

Du: „Warum nicht?"

Ich: „Das weißt du ganz genau! Tu nicht so unschuldig! Während ich im Urlaub war, hast du sicherlich mit anderen geschrieben! Da war ich dir auch nicht wichtig!"

Du: „Ach ja, ist es nun verboten, mit anderen zu schreiben?! Und außerdem wollte ich dich nicht in dem Urlaub nerven. Ich saß hier bei Regenwetter zu Hause, das war auch nicht toll. Du hättest dich ja auch melden können. Warum bist du nur so abweisend? Ich habe wegen dir schon bestimmt acht unentschuldigte Fehlstunden eingetragen kommen! Glaubst du, ich riskiere diesen Ärger für jemanden, der mir unwichtig ist?"

Ich: „Ach, wegen dir bin ich auch schon allein diesen Monat dreimal zu spät gewesen! Glaubst du, mein Chef findet das lustig? Was soll ich ihm sagen? Ich kann nicht pünktlich kommen, da ich am Bahnsteig abgefangen werde?"

Du: „Ich will doch einfach nur, dass alles so ist wie früher!"

Ich: „Das hättest du dir früher überlegen müssen! Ich weiß über alles Bescheid!"

Du: „Wie meinst du das?"

b) *individuelle Lösung mit Bezügen zum Text; Ideen siehe Lösung B Nr. 5*

Textsortenumwandlung – Perspektivisches Schreiben (B) Seite 18

❷–❹ *siehe Lösung A*

❺ *individuelle Lösung mit Bezügen zum Text, z. B.*

Ich: „Hey, schön dich zu sehen!"

Du: „Guten Morgen!"

Ich: „Was machst du hier? Warum bist du nicht im Matheunterricht?"

Du: „Warum bist du nicht wie immer an der Hauptwache ausgestiegen? Ich war schon öfter nicht im Matheunterricht, weil ich unbedingt mit dir reden muss!"

Ich: „Ich habe deine Nachrichten bekommen. Aber ich wollte dir nicht antworten."

Du: „Warum nicht?"

Ich: „Das weißt du ganz genau! Tu nicht so unschuldig! Während ich im Urlaub war, hast du sicherlich mit anderen geschrieben! Da war ich dir auch nicht wichtig!"

Du: „Ach ja, ist es nun verboten, mit anderen zu schreiben?! Und außerdem wollte ich dich nicht in dem Urlaub nerven. Ich saß hier bei Regenwetter zu Hause, das war auch nicht toll. Du hättest dich ja auch melden können. Warum bist du nur so abweisend? Ich habe wegen dir schon bestimmt acht unentschuldigte Fehlstunden eingetragen kommen! Glaubst du, ich riskiere diesen Ärger für jemanden, der mir unwichtig ist?"

Ich: „Ach, wegen dir bin ich auch schon alleine diesen Monat dreimal zu spät gewesen! Glaubst du, mein Chef findet das lustig? Was soll ich ihm sagen? Ich kann nicht pünktlich kommen, da ich am Bahnsteig abgefangen werde?"

Du: „Ich will doch einfach nur, dass alles so ist wie früher!"

Ich: „Das hättest du dir früher überlegen müssen! Ich weiß über alles Bescheid!"

Du: „Wie meinst du das?"

Ich: „Ach, tu doch nicht so! Ich habe dich beobachtet, wie du mich einfach ersetzt hast, als ich im Urlaub war. Aber damit hast du nicht gerechnet, dass ich früher komme und dich erwische!"

Du: „Nur weil mich jemand in den Arm genommen hat? Deshalb machst du so einen Aufstand?"

Ich: „Nur? Das sagt ja wohl alles! Ach ja, ich bin übrigens ohne dich zum Festival gegangen und habe mich dort auch ohne dich prächtig amüsiert!"

Du: „Gut zu wissen, dann brauche ich dir ja keine Nachrichten mehr zu schreiben und muss auch keinen Unterricht mehr schwänzen!"

Ich: „Ach, nun bin ich auch noch an allem schuld?"

Du: „Ja, denn eine Umarmung ist noch kein Grund sich so zu verhalten!"

Ich: „Dann ist wohl alles gesagt und ich komme nie mehr wegen dir zu spät! Ciao!"

Du: „Ciao!"

Eine Argumentation verfassen (A und B) Seite 20/21

❷ Frau Weber: „Also, ich denke schon, dass das Internet heutzutage auch mal sinnvoll genutzt werden kann. Ich selbst bin alleinerziehend und habe nach der Arbeit weder Lust noch Zeit, mich mit Hausaufgaben oder Lernstoff auseinanderzusetzen. Internetportale mit Lernvideos helfen meiner Tochter, v.a. in Mathe, enorm. Seit sie diese gezielte Unterstützung nutzt, versteht sie den gelernten Stoff aus der Schule viel besser und wir sind insgesamt nicht so gestresst. Also kann ich persönlich mit guten Gewissen sagen, dass das Internet das Lernen erleichtern und Noten verbessern kann!"

Ali: „Bücher nutze ich zur Recherche eigentlich gar nicht mehr. Allerdings bin ich in vielen Themen einfach kein Experte. Ich verlasse mich also auf die Infos aus dem Netz. Gerade bei meinem letzten Referat passierte dabei ein peinlicher Fehler und kostete mich eine gute Note. Da habe ich mich sehr geärgert. Heute weiß ich, dass ich mich eben auch analog hätte informieren können oder müssen. Das Internet an sich ist also keine Garantie für Schulerfolg, erleichtert es aber enorm."

Steffen: „Ohne meine Kumpels online würde ich oft die Hausaufgaben nicht mal im Ansatz verstehen. Und auch in Latein nutze ich Texte, die andere übersetzt haben. Oftmals verstehe ich es deshalb nicht. Ich gebe es zu, ich schreibe sie ab, um keinen Hausaufgabenstrich zu bekommen. Aber auch das ist für mich Schulerfolg."

Bildungsexperte Dr. Belz: „Das Internet ist eine Erleichterung. Es kann als Hilfe zur Selbsthilfe genutzt werden, denn viele Dinge werden dort kind- oder jugendgerecht aufgearbeitet. Durch die Möglichkeit, ohne viel Aufwand heutzutage überall selbst zu recherchieren, werden die Schüler oftmals viel selbstständiger. Allerdings ist das nur eine Möglichkeit von vielen.
Das Internet kann auch zum Schummeln und Betrügen animieren, ich denke nur an die TOP 10 der Spickmöglichkeiten oder das Abschreiben. Aber das gab es auch ohne Internet und wird es auch immer geben."

Michelle: „Ich hatte immer Probleme mit den Vokabeln. Durch das Onlinelernprogramm habe ich meine Note sehr schnell verbessert. Das Lernen ist ganz anders und nicht so langweilig!"

Lernexperte Prof. Dr. Kuhnert: „Das spielerische altersgerechte Üben und Ausprobieren kann auch zu unbewussten Lernvorgängen führen, sodass der Stoff ohne trockenes und mühsames Lernen im traditionellen Sinn verinnerlicht wird. Die abwechslungsreiche Aufbereitung des Lernstoffs sorgt außerdem dafür, dass sich Kinder gern mit den Inhalten beschäftigen und die kindliche Neugier zum Weiterrecherchieren und Ausprobieren geweckt wird. Des Weiteren lernen Schüler sehr schnell, dass einfaches Kopieren von Inhalten, und somit eine Verletzung der Urheberrechte, Konsequenzen nach sich zieht, schließlich ist das Betrug. Neben den Schlüsselqualifikationen in digitalen Medien trainieren Kinder und Jugendliche somit, Wichtiges von Unwichtigem und Seriöses von Unseriösem zu unterscheiden. In der zukünftigen Berufswelt eine unabdingbare Kompetenz."

❸ a) *Beispiele:*

Ja, Internet verhilft zu mehr Schulerfolg.	**Nein, die Internetnutzung bringt Probleme und keinen Schulerfolg mit sich.**
– neue, altersgerechte, individuelle Lernmethoden → bessere Verinnerlichung des Gelernten – Medienkompetenz wird geschult → wie finde ich passende Informationen und mache diese externen Informationen kenntlich – Motivation zum Lernen durch kind- bzw. jugendgerechte Aufarbeitung → Auseinandersetzung mit dem Thema → bessere Noten – Lernen/Recherchieren wird vereinfacht und ist aktuell → mehr Schulerfolg	– Texte aus dem Internet werden schnell kopiert, statt sich mit dem Inhalt konkret auseinanderzusetzen → kein wirkliches Lernen – Verlässlichkeit/Richtigkeit der Inhalte auf der Internetseite bleibt undurchsichtig → falsche Informationen gefährden den Schulerfolg – einfaches Kopieren von Inhalten stellt eine Urheberrechtsverletzung und somit einen Betrug dar – das Internet bietet aber auch viel Ablenkung → Zeitfresser

b) und c) *individuelle Lösung*

❹ *B: Die Daten aus dem beispielhaften Diagramm sollten sinnvoll eingebaut werden.*

Beispiellösung:

Täglich surfen wir im Internet. Oft in unserer Freizeit, aber auch immer häufiger für schulische oder berufliche Zwecke. Gut 95 Prozent von Schülern zwischen 12 und 17 Jahren recherchieren dort nach Informationen für Referate, 81 Prozent lernen mithilfe von Vokabeltrainern eine Fremdsprache und über 70 Prozent nutzen schon Lernvideos oder eine Onlinenachhilfe, um den Lernstoff besser zu verstehen. Allerdings wird das Internet auch missbraucht. Fast die Hälfte der Befragten schreiben dort, ohne etwas zu lernen, Lösungen ab und immerhin 39 Prozent holen sich Anregungen, um den Lernerfolg zu erschleichen. So stellt sich die Frage, ob das Internet zu mehr Schulerfolg verhelfen kann.

Ein Problem bei der sinnvollen Nutzung des Internets im schulischen Kontext ist, dass Jugendliche oftmals Texte aus dem Internet kopieren, ohne über den Inhalt nachzudenken oder diesen auf Richtigkeit überprüfen zu können. Ali beispielsweise bekam für sein Referat eine schlechte Note, weil er falsche Informationen präsentierte und diese im Vorfeld nicht noch einmal überprüfte. Wenn Steffen seine Lateinhausaufgaben lediglich kopiert, ohne sich damit auseinanderzusetzen, hat er zwar kurzfristig Erfolg, da er keinen Hausaufgabenstrich erhält, langfristig wird er aber spätestens bei der Klassenarbeit Probleme bekommen, da er nichts gelernt oder verstanden hat.

Außerdem muss bedacht werden, dass die Kopie von geistigem Eigentum eine Straftat ist. In der Regel wird eine Kopie aus dem Internet ohne Quellenangaben mit einer schlechten Note bewertet. Jedoch auch mit Quellenangabe sollten aus dem Internet übernommene Passagen nicht Überhand gewinnen, da diese keine Eigenleistung der Schüler darstellen. Ein Schüler aus der Abschlussklasse hielt ein tolles Referat, bekam aber trotzdem die Note 6, da die Lehrerin herausfand, dass es wortwörtlich aus dem Internet kopiert war.

Des Weiteren ist das Internet auch ein großer Zeitfresser, da es viel Ablenkung bietet. Ob durch Werbung, soziale Medien oder Onlinespiele und Nachrichten von Freunden. Eine Konzentration auf die eigentliche Aufgabe wird erschwert und manchmal auch nicht geschafft, da sie vergessen wird oder in den Hintergrund tritt. So war Anna zwar den ganzen Nachmittag im Internet, um für ihr Referat zu recherchieren, wurde aber so abgelenkt, dass sie ihre Zeit nicht wirklich effektiv nutzen konnte und unter Stress geriet.

Alle diese Argumente verteufeln das Internet. Jedoch bin ich überzeugt, dass das Internet zu mehr Schulerfolg verhelfen kann. Das Internet bietet zahlreiche Aufgaben, Informationen und Übungsseiten zu allen schulischen Fächern oder Problemen. Außerdem sind die Übungen sehr individuell wählbar und die Themen sehr leicht einzugrenzen. So konnte z. B. Michelle ihre Note in Englisch durch den Onlinevokabeltrainer schnell verbessern.

Noch wichtiger für den Schulerfolg ist die Aktualität und Vielfalt der Informationen im Internet. Gut 95 Prozent der Schüler nutzen aktuelle Informationen für Referate, damit kann kein Buch mithalten, denn sobald es herausgegeben wurde, ist es oftmals schon nicht mehr aktuell. Aktuelle Themen, z. B. zum politischen Geschehen, können im Internet viel besser als in einem Buch recherchiert werden. Ali konnte so z. B. die aktuellen Wahlergebnisse der Bundestagswahl einfach recherchieren und aktuelle Grafiken und Hochrechnungen in sein Referat einbauen, sodass er eine gute Note erhielt.

Am wichtigsten ist jedoch, dass Jugendliche sehr einfach und schnell Informationen aus dem Internet beziehen können. In ihrer Materialbeschaffung werden sie zu Selbstständigkeit erzogen, einer Schlüsselkompetenz für das spätere Leben. Ausreden, dass Übungen oder Materialien nicht verstanden und deshalb nicht gemacht wurden, werden gegenstandslos, da das Internet sehr schnell Hilfe dazu bereitstellt. Ob nun Vokabeltrainer, Lernvideos oder aber der Austausch mit anderen ist eine Möglichkeit, die bereits von mehr als 50 Prozent der Jugendlichen aktiv genutzt wird. Einzelne, unverständliche Vokabeln der Aufgabenstellung können z. B. schnell online übersetzt werden, wodurch eine selbstständige Weiterarbeit an den Aufgaben ermöglicht wird.

Meiner Meinung nach verhilft das Internet also eindeutig zu mehr Schulerfolg und erleichtert das tägliche individuelle Arbeiten. Die Nutzung des Internets ist nicht mehr wegzudenken. Es ist deshalb umso wichtiger, den Schülern so früh wie möglich richtige Recherchemethoden und Nutzungsrichtlinien an die Hand zu geben. Die Umfrage hat des Weiteren belegt, dass das Internet neue Möglichkeiten zum Lernen und Schulerfolg anbietet, die auch gerne genutzt werden. Über diese Möglichkeiten sollte die Schule die Schüler bereits in der Grundschule informieren und schrittweise in die Nutzung einführen.

Eine erweiterte Inhaltsangabe zu einem Sachtext verfassen (A) — Seite 23

❷ individuelle Lösungen, z. B.:

a) Es kann keine Formel für Glück geben, da jeder etwas anderes als Glück empfindet. Jedoch kann jeder seine Sichtweise steuern und durch positive Gedanken sein Glücksempfinden beeinflussen.

b) Ja, das kann sinnvoll sein, denn die Fähigkeit, glücklich zu sein, ist durch positive Gedanken beeinflussbar und somit trainierbar.

c) Darunter verstand man zunächst bis Ende des 20. Jahrhunderts die Forschung, die untersuchte, wie man psychische Störungen kurieren kann. Heute geht es in dieser Forschungsrichtung vor allem darum, was das Leben lebenswert macht und wie man glücklich wird.

❸ Schreibplan

Einleitung:	
Textsorte: Titel: Autorin: Erscheinungsjahr: grobes Thema:	Sachtext „Die Biologie des Glücks" Sybille Möckl 2013 Beeinflussung des eigenen Glücks
Hauptteil:	
Reduziere den Inhalt auf das wichtigste und beantworte alle W-Fragen (Wer?, Was?, Wie?, Warum?, Welche Folgen?):	Wer? Neurowissenschaftler Was? Beeinflussung des Glücksempfinden / von Krankheiten durch positive Gedanken und die positiven Auswirkungen auf Körper und Geist Wie? bewusste Steuerung/Lenkung von Gedanken und Blickwinkeln, allerdings muss diese Bewusstmachung jeder für sich selbst entscheiden Warum? weniger Stresshormone werden produziert, positiv für Herz und Kreislauf; Kraft tanken möglich; Dankbarkeit und Zufriedenheit verstärken diesen Prozess Welche Folgen? weniger Stress, weniger Krankheiten, besseres Lebensgefühl, Glücksempfinden
Schluss:	
Was ist die Intention der Autorin?	Jeder kann sein eigenes Glück beeinflussen bzw. durch positive Gedanken seinen Blickwinkel für das Wesentliche im Leben schärfen. Glück hängt also nicht von den Umständen, sondern in erster Linie von der eigenen Person ab.
Stimmst du der Autorin zu oder nicht? Was bedeutet für dich Glück?	*individuelle Lösung*

❹ *individuelle Lösung, z. B.*

In dem Sachtext „Die Biologie des Glücks" von Sybille Möckl geht es um die Beeinflussung des eigenen Glückempfindens durch positive Gedanken.

Neurowissenschaftler bestätigen, dass positive Gedanken Auswirkungen auf Körper und Geist haben. So ist Glück für jeden machbar, da neben den Genen und Lebensumständen vor allem die Gedanken Einfluss auf das Glücklichsein nehmen. Körper und Geist können durch gute Gedanken positiv beeinflusst werden, sodass Krankheiten und Stresshormone bewusst reduziert werden können. Allerdings gibt es dafür keine allgemeingültige Formel. Jeder muss für sich selbst entscheiden, was ihn glücklich macht und wie er dies z. B. durch Sport bestärken könnte. Dankbarkeit für das eigene Leben ist ein weiterer wichtiger Punkt, um zufriedener zu sein und sich weniger zu beschweren. Die „Positive Psychologie" untersucht, was das Leben lebenswert und Menschen glücklich macht. Dabei wird betont, dass jeder für sein Glück selbst verantwortlich ist.

Eine erweiterte Inhaltsangabe zu einem Sachtext verfassen (B) — Seite 24

❷ siehe Lösung A, Nr. 2

❸ *individuelle Lösung, z. B.*
Gute Gedanken können den Blickwinkel auf das Wesentliche lenken und so zu mehr Zufriedenheit und Dankbarkeit führen, wodurch man wiederum glücklicher mit seinem Leben ist bzw. wird. Die eigenen Gedanken können so in Unzufriedenheit oder Glücksempfinden resultieren.

❹ *individuelle Lösung, z. B.*
Im Sachtext „Die Biologie des Glücks" von Sybille Möckl geht es um die Beeinflussung des eigenen Glückempfindens durch positive Gedanken.
Neurowissenschaftler bestätigen, dass positive Gedanken Auswirkungen auf Körper und Geist haben. So ist Glück für jeden machbar, da neben den Genen und Lebensumständen vor allem die Gedanken Einfluss auf das Glücklichsein nehmen. Körper und Geist können durch gute Gedanken positiv beeinflusst werden, sodass Krankheiten und Stresshormone bewusst reduziert werden können. Allerdings gibt es dafür keine allgemeingültige Formel. Jeder muss für sich selbst entscheiden, was ihn glücklich macht und wie er dies z. B. durch Sport bestärken könnte. Dankbarkeit für das eigene Leben ist ein weiterer wichtiger Punkt, um zufriedener zu sein und weniger zu meckern. Die „Positive Psychologie" untersucht, was das Leben lebenswert und Menschen glücklich macht. Dabei wird betont, dass jeder für sein Glück selbst verantwortlich ist.
Die Autorin möchte also aussagen, dass jeder sein eigenes Glück beeinflussen kann, indem er z. B. durch positive Gedanken und Dankbarkeit seinen Blickwinkel für das Wesentliche im Leben schärft. Glück hängt demnach nicht von den äußeren Umständen, sondern in erster Linie von der inneren Einstellung ab. So kann jeder glücklich sein, wenn er nur will. In diesem Punkt stimme ich der Autorin zu, denn viele Menschen sind glücklich, obwohl die äußeren Umstände alles andere als günstig sind. Da Glück eine sehr individuelle Sache ist, hängt es i. d. R. nicht von materiellem Wohlstand ab, sondern ist durch Beziehungen, Gesundheit und Dankbarkeit geprägt. Auffallend dabei ist, dass gerade Menschen, die im Überfluss leben und theoretisch alles haben, nicht glücklich sind. Aber auch sie könnten ihr Glück beeinflussen, indem sie nicht alles für selbstverständlich halten oder keine Vergleiche zu anderen ziehen, denn das ruft ansonsten Unzufriedenheit hervor.

Einen literarischen Text verstehen (A) — Seite 26

❷ *mögliche Lösung:*
Die Kurzgeschichte „Der Nachbar" von Franz Kafka aus dem Jahr 1917 thematisiert aus der Sicht eines Ich-Erzählers sein Konkurrenzdenken gegenüber einem neuen Nachbarn.

❸ a) Die Hauptfigur, **die die Geschichte erzählt**, ist ein junger Geschäftsmann.
b) Die Hauptfigur **kennt den neuen Nachbarn Harras kaum.**
c) Die Hauptfigur ist **extrem unsicher**, da sie in Harras Konkurrenz sieht.

❹ *mögliche Lösung:* „Ja, denn sie verrät nicht zu viel über den Inhalt." oder „Nein, sie ist viel zu offen und regt damit nicht zum Lesen an." oder „Nein, sie ist viel zu ungenau."

❺ z. B. Ich habe Erkundigungen eingezogen, man hat mir mitgeteilt, es sei ein Geschäft ähnlich dem meinigen (Z. 11)
Was macht Harras, während ich telefoniere? (Z. 29 + 30)
Wollte ich sehr übertreiben – aber das muss man oft, um sich Klarheit zu verschaffen –, so könnte ich sagen: Harras braucht kein Telefon, er benutzt meines, er hat sein Kanapee an die Wand gerückt und horcht, ich dagegen muss, wenn geläutet wird, zum Telefon laufen, die Wünsche des Kunden entgegennehmen, schwerwiegende Entschlüsse fassen, großangelegte Überredungen ausführen – vor allem aber während des Ganzen unwillkürlich durch die Zimmerwand Harras Bericht erstatten (Z. 29–32).
Vielleicht wartet er gar nicht das Ende des Gespräches ab, sondern erhebt sich nach der Gesprächsstelle, die ihn über den Fall genügend aufgeklärt hat, huscht nach seiner Gewohnheit durch die Stadt und, ehe ich die Hörmuschel aufgehängt habe, ist er vielleicht schon daran, mir entgegenzuarbeiten (Z. 36–38).

❻ b) *Individuelle Lösung. Die Begründung sollte überzeugend sein, z. B.*
Ich finde, dass Zitat C am besten passt, weil der Erzähler in seinem Nachbarn starke Konkurrenz wittert und die Stimmung sehr angespannt scheint. Es bereitet ihm Kopfzerbrechen, da er nichts über seinen Nachbarn weiß und trotzdem davon ausgeht, dass Harras gegen ihn arbeitet.

❼ a) „Wie der Schwanz einer Ratte ist er hineingeglitten und ich stehe wieder vor der Tafel „Harras, Bureau", die ich schon viel öfter gelesen habe, als sie es verdient" (Z. 17 + 18).
b) Der Vergleich zeigt, dass der Ich-Erzähler Harras nicht leiden kann.

Einen literarischen Text verstehen (B) — Seite 27

❷ *mögliche Lösung:*
Die Kurzgeschichte „Der Nachbar" von Franz Kafka aus dem Jahr 1917 thematisiert aus der Sicht eines Ich-Erzählers sein Konkurrenzdenken gegenüber einem neuen Nachbarn.

❸ *mögliche Lösung:*
a) Die Geschichte wird von einem anonymen Ich-Erzähler erzählt.
b) Die Hauptfigur kennt den neuen Nachbarn kaum. Sie hat allerdings Informationen über ihn eingeholt, die jedoch nicht wirklich aussagekräftig sind. Insgesamt sieht er in Harras Konkurrenz und hält ihn für eine Gefahr für seine Geschäfte.
c) Die Hauptfigur ist unsicher, da sie nichts Konkretes über den neuen Nachbarn weiß, der jedoch offenbar ein ähnliches Geschäft betreibt wie die Hauptfigur selbst.

❹ *Individuelle Lösung; es sollte eine nachvollziehbare Begründung dabeistehen.*
mögliche Lösung:
Nein, sie ist viel zu uninteressant und lädt nicht zum Weiterlesen ein, da der Titel alles und nichts aussagen kann und keinerlei Besonderheiten aufwirft. Einen Nachbar hat i.d.R. jeder und das alleine erzeugt noch keinen Anreiz, diesen Text zu lesen.

❺ *siehe Lösung A, Nr. 5*

❻ b) *individuelle Lösung, z.B.*
Meiner Meinung nach passt am besten Sprichwort A zu der Geschichte, da der Ich-Erzähler nichts Genaues über Harras weiß, in ihm aber trotzdem starke Konkurrenz sieht. Er fantasiert sich die schlimmsten Szenarien zusammen, sodass man sagen kann, der eigentliche Wettbewerb findet zunächst nur im Kopf der Hauptfigur statt.

❼ *mögliche Lösung:*
a) Harras könnte durch die Telefonate an Kundennamen gelangen und diesen ggf. bessere Angebote machen oder sie abwerben.
b) Der Ich-Erzähler will nun möglichst vermeiden, die Namen seiner Kunden am Telefon zu nennen.
c) Ich stimme Marie zu, da es auf den Kunden verstörend wirken muss, wenn man nicht mit seinem Namen angesprochen wird. Außerdem ist Unsicherheit immer negativ für Geschäfte. Da dies alles nur auf den Vorurteilen, Ängsten und Unsicherheiten des Ich-Erzählers beruht, ist er letztendlich selbst an seinen Umsatzeinbrüchen schuld.

❽ *mögliche Lösung:*
a) „Wie der Schwanz einer Ratte ist er hineingeglitten und ich stehe wieder vor der Tafel „Harras, Bureau", die ich schon viel öfter gelesen habe, als sie es verdient." (Z. 17 + 18)
b) Der Rattenvergleich verdeutlicht, dass der Ich-Erzähler nichts von Harras hält, denn der Tiervergleich mit der Ratte bzw. dem Rattenschwanz ist eher negativ zu deuten. Mit „Rattenschwanz" wird eine endlose Folge von zusammenhängenden Fragen und Problemen bezeichnet.
c) *mögliche Textstellen:*
- „Manchmal treffe ich Harras auf der Treppe, er muss es immer außerordentlich eilig haben, er huscht förmlich an mir vorüber." (Z. 15 + 16)
- „Genau gesehen habe ich ihn noch gar nicht, den Büroschlüssel hat er schon vorbereitet in der Hand." (Z. 16 + 17)

Eine Stellenanzeige analysieren (A) — Seite 29

❷ *individuelle Lösung, z.B.*
a) → Man sollte mindestens eine weitere Sprache, z.B. Englisch, sprechen und flexibel sein.
b) → Das Unternehmen verlangt von den Mitarbeitern, dass man stets 100 Prozent gibt, kompetent und freundlich wirkt. Und es bedeutet, dass man die Bereitschaft zu Fort- und Weiterentwicklung mitbringen sollte.
c) → Es werden offensichtlich Mitarbeiter gesucht, die Eigeninitiative zeigen und sich mit dem Unternehmen identifizieren können.

❸ *individuelle Lösung, z.B.*
Es werden neue Mitarbeiter gesucht, die aufgrund der weltweiten Produktion der Firma sehr gute Englischkenntnisse vorweisen können.
oder
Man sollte entschieden für die Ziele des Unternehmens eintreten und offen für Neues sein.

❹ Formale Voraussetzungen/Kenntnisse:
- einen guten bis sehr guten Realschulabschluss
- gute bis sehr gute Englischkenntnisse in Wort und Schrift

Eigenschaften:
- Teamfähigkeit
- Lernbereitschaft
- flexible Einsatzbereitschaft
- Zuverlässigkeit
- Identifikation mit dem Unternehmen

❺ b) *individuelle Lösung, z.B.*
Liebe Leonie, ich kann dir empfehlen, dich bei der Maier AG zu bewerben, da du gute Voraussetzungen für dieses Unternehmen mitbringst. Das Unternehmen arbeitet an verschiedenen Standorten weltweit, sodass deine guten Englischkenntnisse von Vorteil wären. Auch erfüllst du die Abschlussanforderungen. Des Weiteren bist du offen und zuverlässig. Einen Beruf, in dem man sich nichts sagen lassen muss, wirst du wohl leider nicht finden. Du solltest offen für Teamarbeit sein, dann wärst du die perfekte Kandidatin. Ich würde dir zu einer Bewerbung raten.

Eine Stellenanzeige analysieren (B) — Seite 30

❷ *individuelle Lösung, z.B.*
a) → Man sollte mindestens eine weitere Sprache, z.B. Englisch, sprechen und flexibel sein.
b) → Das Unternehmen verlangt von den Mitarbeitern, dass man stets 100 Prozent gibt, kompetent und freundlich wirkt. Und es bedeutet, dass man die Bereitschaft zu Fort- und Weiterentwicklung mitbringen sollte.
c) → Es werden offensichtlich Mitarbeiter gesucht, die Eigeninitiative zeigen und sich mit dem Unternehmen identifizieren können.
d) → Es wird ein hohes Maß an Engagement von den Mitarbeitern erwartet. Zudem sollen sie flexibel und zuverlässig, z.B. pünktlich, sein.

❸ *siehe Lösung A Nr. 3*

❹ *siehe Lösung A Nr. 4*

❺ b) *individuelle Lösung, z. B.*
Liebe Leonie, ich kann dir empfehlen, dich bei der Maier AG zu bewerben, da du gute Voraussetzungen für dieses Unternehmen mitbringst. Das Unternehmen arbeitet an verschiedenen Standorten weltweit, sodass deine guten Englischkenntnisse von Vorteil wären. Auch erfüllst du die Abschlussanforderungen. Des Weiteren bist du offen und zuverlässig. Einen Beruf, in dem man sich nichts sagen lassen muss, wirst du wohl leider nicht finden. Du solltest offen für Teamarbeit sein, dann wärst du die perfekte Kandidatin. Ich würde dir zu einer Bewerbung raten.

Lieber Bilal, leider kann ich dir nicht empfehlen, dich bei der Maier AG zu bewerben, da du viele Voraussetzungen nicht erfüllst. Da das Unternehmen auf einer internationalen Ebene agiert, sind gute Englischkenntnisse in Wort und Schrift ein wichtiges Kriterium. Ebenso in Deutsch. Deine Fehlzeiten widersprechen außerdem der Zuverlässigkeit und dem Engagement, die von Mitarbeitern der Maier AG erwartet werden. Insgesamt solltest du dringend an diesen Aspekten arbeiten, denn sie stellen Voraussetzung von vielen Unternehmen dar. Erfüllst du diese Punkte, hinterlässt das immer einen guten ersten Eindruck des Bewerbers.

Einen lyrischen Text verstehen (A) — Seite 32

❷ *individuelle Lösung, z. B.*
In dem Gedicht „Der Spinnerin Nachtlied" von Clemens Brentano aus dem Jahr 1802 geht es um eine verlorene Liebe.

❸ a) Das Gedicht hat einen regelmäßigen Aufbau. Es besteht aus sechs Strophen mit jeweils vier Versen.
b) Das lyrische Ich ist eine Frau.
c) Die Nachtigall (V. 18) erinnert das lyrische Ich an eine alte, verflossene Liebe.
d) Das lyrische Ich fordert eine Wiedervereinigung mit der geliebten Person durch Gott.
e) Der Gesang der Nachtigall steht gegenwärtig für die Sehnsucht des lyrischen Ichs.

❹ Das lyrische Ich sitzt sowohl am Ende als auch am Anfang am Spinnrad und erinnert sich an seine verflossene Liebe. Während es zu Beginn spinnt, singt und nicht weinen kann, will es am Ende eher weinen.

❺ a) z. B. V. 7 + 8, 13 + 14
b) Das lyrische Ich unterstreicht mit diesen Übertreibungen seine starken Gefühle und seinen Liebeskummer.

❻ *Individuelle Schülerlösung, beide Aussagen sind theoretisch richtig.*

❼ *individuelle Schülerlösung, z. B.*
Ich finde, dass das Gedicht ein zeitloses Gefühl, nämlich Liebeskummer, und die damit einhergehenden Gefühle, den Schmerz und die Trauer, sehr gut darstellt. Allerdings sind die Umstände nicht mehr aktuell. Kaum noch jemand sitzt heute die ganze Nacht am Spinnrad und lauscht einer Nachtigall. Insofern ist das Gedicht eher etwas veraltet und nicht wirklich aktuell.

Einen lyrischen Text verstehen (B) — Seite 34

❷ *siehe Lösung A, Nr. 2*

❸ *individuelle Lösung, z. B.*
a) Das Gedicht hat einen regelmäßigen Aufbau. Es besteht aus sechs Strophen mit jeweils vier Versen.
b) Ein lyrisches Ich beschreibt seine Situation.
c) Die Nachtigall erinnert das lyrische Ich an eine verlorene Liebe.
d) Das lyrische Ich hofft auf Gottes Hilfe, sodass die Liebenden wieder vereint sind.
e) Der Gesang der Nachtigall steht gegenwärtig für die Sehnsucht des lyrischen Ichs.

❹ a) *individuelle Lösung, z. B.*
Ich sing' und kann nicht weinen,
und spinne so allein
den Faden klar und rein
so lang der Mond wird scheinen. (V. 5–8)
Die Textstellen zu Beginn und zum Ende verdeutlichen, dass das lyrische Ich nach wie vor in dieser Situation verbleibt und sich nichts ändert.
b) *Direkte Zitate, z. B.*
- „Mein Herz ist klar und rein, Gott wolle uns vereinen." (V. 15+16)
- „Als wir zusammen waren
da sang die Nachtigall
nun mahnet mich ihr Schall,
daß du von mir gefahren." (V. 9–12)

❺ a) z. B. V. 7 + 8, 13 + 14
b) Das lyrische Ich unterstreicht mit diesen Übertreibungen seine starken Gefühle und seinen Liebeskummer.

❻ *Individuelle Schülerlösung, beide Aussagen sind theoretisch richtig.*

❼ *individuelle Schülerlösung, z. B.*
Ich finde, dass das Gedicht ein zeitloses Gefühl, nämlich Liebeskummer, und die damit einhergehenden Gefühle, den Schmerz und die Trauer, sehr gut darstellt. Allerdings sind die Umstände nicht mehr aktuell. Kaum noch jemand sitzt heute die ganze Nacht am Spinnrad und lauscht einer Nachtigall. Insofern ist das Gedicht eher etwas veraltet und nicht wirklich aktuell.

Groß- und Kleinschreibung (A) — Seite 36

❶ Wann beginnt der Ernst des Lebens?
Für viele Schüler ist das Betriebspraktikum eine wichtige Erfahrung. Eines Morgens ist es so weit. Anstatt in die Schule zu gehen, ist das Arbeiten eine gern gesehene Abwechslung. Plötzlich ist ein Arbeitstag voller Konzentration und Ausdauer eine neue Herausforderung. Allerdings liegt vielen Jugendlichen das praktische Arbeiten besser als die Theorie des Schulalltags. Dieses lange Herumsitzen ohne Abwechslung wird im Praktikum durch intensives Ausprobieren ersetzt. So ergibt sich die Möglichkeit, die eigenen Fähigkeiten unter Beweis zu stellen. Nach dem Praktikum im Traumberuf kommt jedoch oft die Ernüchterung. Neben einem hohen Engagement wird auch das lebenslange Lernen von zunehmender Bedeutung sein. Das heißt, dass ein aktives Mitarbeiten für einen guten Schulabschluss unabdingbar ist. Nichtsdestotrotz freuen sich viele Jugendliche aufs Arbeiten und auf das erste eigene Gehalt. Trotz der Freude verlieren aber auch Hunderte bereits im ersten Jahr wieder ihren Ausbildungsplatz. Im Allgemeinen ist also die richtige Berufswahl von großer Bedeutung.

❷ a) Hiermit bewerbe ich mich in Ihrem Unternehmen um einen Ausbildungsplatz als Industriekauffrau.
b) Ich freue mich, dass Sie in Ihrem Unternehmen auch junge Frauen einstellen, die ihre Fähigkeiten unter Beweis stellen können.
c) Ich habe an einem englischen Schüleraustausch teilgenommen, wie Sie meinem Bericht entnehmen können. Ich sende ihn Ihnen in der Anlage zu.
d) Ich freue mich, dass Sie meine Bewerbungsunterlagen gelesen haben und sie Ihnen zusagen.

Groß- und Kleinschreibung (B) — Seite 37

❶ *siehe Lösung A Nr. 1*

❷ *siehe Lösung A Nr. 2 a. b, c, e*
d) Ich verspreche Ihnen, Sie können sich auf mich verlassen.

Fremdwörter zuordnen (A) — Seite 38

❶ Kostenlimit, finanzielle, reglementiert, Organisation, Hotelkategorie, Komfort, Egoismus, Fiasko, unspektakulär, Panorama, dokumentieren

❷ b) Engagement = 1. (persönlicher Einsatz); kreativ = 2. Ideen habend / 3. Ideen gestalterisch verwirklichend; Jury = 2. Kollegium von Sachverständigen als Preisrichter bei sportlichen, künstlerischen Wettbewerben

❸ a) die Sympathie = Zuneigung, Wohlgefallen, Verbundenheit
b) der Small Talk = Geplauder, oberflächliches Gespräch
c) die Intention = Absicht, Vorhaben
d) die Apokalypse = Enthüllung, Offenbarung, Schrift, die sich mit dem Weltende auseinandersetzt, Untergang, Grauen, Unheil

Fremdwörter zuordnen (B) — Seite 40

❶ Kostenlimit, finanzielle, reglementiert, Enthusiasmus, Organisation, Hotelkategorie, Komfort, Egoismus, Fiasko, unspektakulär, Panorama, dokumentieren, essenziell

❷ *Beispiele:*

Fremdwort	„Ersatzwort"
Kostenlimit	Preisgrenze, Kostengrenze
finanziell	geldlich, wirtschaftlich
reglementieren	einschränken, an Vorschriften halten
Enthusiasmus	Begeisterung, Schwärmerei
Organisation	Aufbau, Planung, Gestaltung
Hotelkategorie	Hotelklasse
Komfort	Luxus, besondere Ausstattung, Annehmlichkeiten
Egoismus	Eigennutzen, Selbstsucht, Eigenliebe, Ichsucht
Fiasko	Misserfolg, Reinfall
unspektakulär	unauffällig, ohne großen Aufwand
Panorama	Ausblick, Rundblick
dokumentieren	zeigen, beweisen, in Erinnerung behalten
essenziell	wesentlich, lebensnotwendig

❸ a) – Sympathie → sympathisch, sympathisieren
– Appell → appellieren, appellativ
– Reaktion → reagieren
– Eleganz → elegant
b) *individuelle Lösung*

Textaussagen in eigenen Worten wiedergeben und zitieren (A) — Seite 41

❷ *Beispiellösung:*
Es ist sinnvoll, da man sich so mit den Themen Migration, Krieg, Leid und Neubeginn auseinandersetzt. Durch die direkte Ansprache kann man sich dem nicht entziehen und denkt automatisch über die einzelnen Fragen nach.

❸

Aussage	Zeile(n)
Janne Teller stellt dem Leser direkte Fragen.	20 + 21
Europa existiert nicht mehr.	12 + 13
Alle Menschen suchen Asyl im Orient.	13
Der Krieg in Europa fordert viele persönliche Opfer. Man verliert Freunde und Familie.	14 + 15
In der neuen Heimat lebt man in Frieden und ist doch alleine.	17
Es gibt kaum Zukunftschancen auf ein gutes Leben in der Fremde.	19

❹ Zeilenangaben
„In dem Gedankenexperiment begleiten die Leser eine deutsche Familie nach Ägypten." (Z. 14)

❺ Im Text stellt sich die Frage, was man mitnehmen würde, wenn man fliehen müsste.
a) Er beschreibt, dass es sinnvoll wäre, einen Wasserfilter für sauberes Wasser mitzunehmen.
b) Wenn man aktuell keine Flucht plant und das Land im Kriegszustand ist, hat man in den meisten Fällen keinen Wasserfilter zu Hause.
c) *individuelle Lösung – nennen und begründen, warum*

❻ *mögliche Lösung, z. B.*
Sergio möchte den Leser damit zum Lesen des Essays auffordern, damit er sich selbst dem Gedankenexperiment stellt.

Textaussagen in eigenen Worten wiedergeben und zitieren (B) Seite 43

❷ *individuelle Lösung, z. B.*
Er erklärt es so, dass „diese skandalöse Beziehung [...] die Neugierde im Leser [weckt]." (Z. 8–11) Des Weiteren gibt die Lektüre viel Interpretationsspielraum, da es „lediglich Andeutungen, Blicke oder Gesten [...] gibt." (Z. 17 + 18) Auch das bietet Freiraum für Fantasie und macht einen Liebesroman mit einem solchen Skandal erst richtig interessant.

❸ *individuelle Lösung, z. B.*
Der Roman wirft Fragen bzw. ein Thema auf, das zeitlos scheint. Zwei Menschen, die sich nicht lieben dürfen und es trotzdem tun, hat es immer gegeben und wird es immer geben. (vgl. Z. 21) Dieser Skandal erregt besondere Aufmerksamkeit und ist Grundlage für viele Diskussionen. (vgl. Z. 23) Des Weiteren ist das Scheitern einer ersten Liebe auch ein zeitloses Thema und gerade für Jugendliche interessant. (vgl. Z. 23 + 24)

❹ *individuelle Lösung, z. B.*
Nicht allein der Deutschunterricht thematisiert die eigene Sexualität bzw. das eigene Sexualverhalten. Im Zeitalter der Massenmedien ist nahezu alles sexualisiert. Von Skandalen in der Presse, über Werbung oder aber Wortanspielungen im Alltag. Der besondere Wert dieser Erzählung ist ein anderer. Einerseits kann das Thema einer verbotenen Liebe als Motivationsgrundlage zum Lesen genutzt werden (vgl. Z. 10 + 11) und andererseits regt es zur Diskussion über die Novelle und das menschliche Moralverhalten an. (vgl. Z. 21–23) Welches Verhalten bewerten wir wie? Wann greifen wir wo ein? Warum bzw. warum nicht? Und wem ist in dieser Liebesbeziehung nun die Schuld zu geben? Was ist richtig und was ist falsch? Es ist wichtig, sich über Moralvorstellungen auszutauschen und Grauzonen zu diskutieren, denn das kommt in dem hochsexualisierten Alltag kaum vor. Aber gerade das ist wichtig. Eine Auseinandersetzung mit menschlichem (Fehl-)Verhalten und eine spielerische Erprobung im Unterricht durch Beispiele aus der Literatur ist besonders wertvoll und sollte deshalb nicht verboten, sondern gefördert werden.

Sprachliche Mittel erkennen und belegen (A) Seite 45

❷ Ergänze den folgenden Lückentext:
Das Gedicht „Weil du nicht da bist" von Anja Alwan aus dem Jahr 2017 handelt von einer verlorenen Liebe.

❸ a) Vergleich
b) *individuelle Lösung, z. B.* Du bist so langsam wie eine Schnecke.

❹ Anapher

❺

Was geht?	Ellipse
Wir wollen weniger wünschen.	Alliteration
Sie tanzte, als gäbe es kein Morgen.	Vergleich
Das habe ich dir doch schon tausendmal erklärt!	Hyperbel
Ich will ans Meer. Du willst in die Berge.	Antithese

Sprachliche Mittel erkennen und belegen (B) Seite 46

❷ Das Gedicht „Weil du nicht da bist" von Anja Alwan aus dem Jahr 2017 handelt von einer verlorenen Liebe.

❸ a) Vergleich
b) *individuelle Lösung, z. B.* Du bist so langsam wie eine Schnecke.

❹ Zeilenangaben Beispiellösungen:
- **Hyperbel:** „kann ich weder schlafen noch essen." (V. 10) Deine Worte so lebendig, so tief, so nah." (V. 14)
- **Personifikation:** „aus jeder Ecke starren Erinnerungen mich stumm an." (V. 6) ‚weil du nicht da bist', ruft mein Herz bei Tag und auch bei Nacht." (V. 9)

❺ Die Stimmung im Gedicht ist eher traurig. Durch die wiederholenden Anfangsworte „Weil du nicht da bist" wird der Verlust deutlich zum Ausdruck gebracht. Dieses Stilmittel nennt sich Anapher.

❻ a) Enjambement
b) *Beispiellösung:* „Weil du nicht da bist, sitze ich alleine und schaue traurig aus dem Fenster in den Wald." (V. 1+2)

❼

Was geht?	**Ellipse**
Wir wollen weniger wünschen.	Alliteration
Sie tanzte, als gäbe es kein Morgen.	Vergleich
Das habe ich dir doch schon tausendmal erklärt!	Hyperbel
Ich will tanzen. Du willst schlafen.	Antithese
Die tote Leiche wurde identifiziert.	Litotes
Worte können so verletzend, Worte können so wahr, Worte können so nichtssagend sein.	Anapher

Satzreihe und Satzgefüge (A) Seite 47

❶

Aussage	**SR oder SG?**
Einen Satz, der aus zwei oder mehr Hauptsätzen besteht, nennt man ...	SR
Ein/-e ... ist eine Verbindung von mindestens einem Hauptsatz und mindestens einem Nebensatz.	SG
... müssen immer durch Kommata abgetrennt werden.	SG
Die Konjunktionen *aber, sondern, denn* und *doch,* lassen erkennen, dass es sich um ein/-e ... handelt.	SR
Ein/-e ... kann mehrere Nebensätze enthalten, die mit Kommata getrennt werden.	SG

❷ a) b) = SR c) d) e) = SG

❸ *individuelle Lösung, es zählen nur Satzgefüge z. B.*
a) Widerstand braucht Mut, weil er mit dem Leben bezahlt werden kann.
b) Nicht alle Menschen kennen Sophie und Hans Scholl, obwohl ein Film jährlich an sie erinnert.
c) Es gibt Diskussionen, ob unsere Schule in Geschwister-Scholl-Schule umbenannt werden soll.

❹ Ein Hauptsatz ist ein selbstständiger Satz, der mindestens aus einem Subjekt und einem Prädikat besteht. Die Personalform des Verbs steht im Hauptsatz an zweiter Satzgliedstelle. Ein Nebensatz dagegen kann nicht alleine stehen. Die Personalform des Verbs steht im Nebensatz an letzter Satzgliedstelle.

Satzreihe und Satzgefüge (B) Seite 48

1. Ein Hauptsatz ist ein selbstständiger Satz, der mindestens aus einem Subjekt und einem Prädikat besteht. Die Personalform des Verbs steht im Hauptsatz an zweiter Satzgliedstelle. Ein Nebensatz dagegen kann nicht alleine stehen. Die Personalform des Verbs steht im Nebensatz an letzter Satzgliedstelle.

2. Typische Konjunktionen sind z. B. und, oder, aber, sondern, denn, doch.

3. Freiheit braucht Mut
Sophie und Hans Scholl waren Geschwister und Widerstandskämpfer im Nationalsozialismus. Die Haltung der Geschwister war nicht immer so klar gewesen, denn beide waren zuerst begeisterte Mitglieder in der Hitlerjugend und im Bund Deutscher Mädel (BDM). Die beiden Studenten hatten die Nazidiktatur nicht hinnehmen wollen und kämpften mit ihren Mitstreitern von der Widerstandsbewegung „Weiße Rose" für Freiheit und Frieden. Lange blieb diese Widerstandbewegung unentdeckt, weil Flugblätter und Anti-Hitler-Parolen in verschiedenen Städten auftauchten. Nachdem sie am 18. Februar 1943 einige hundert Flugblätter in der Münchner Universität verteilt hatten, wurden sie dabei beobachtet und vom Hausmeister festgehalten. Obwohl sie sich ihrem Schicksal bewusst waren, legten sie ein Geständnis ab und gaben zu, dass sie Flugblätter gegen Adolf Hitler verfasst, getippt, vervielfältigt und verschickt haben. Dass dieser Widerstand mundtot gemacht werden musste, stand von vornherein fest. So wurden Hans und Sophie Scholl für die Freiheit hingerichtet. Obgleich sie sich diesem Risiko immer bewusst waren, bereuten sie bis zum Schluss nichts. Sie würden, wenn sie noch einmal die Wahl hätten, nichts an ihrem Vorgehen verändern. Es ist sicher, dass die Scholl-Geschwister, weil sie so viel Mut bewiesen haben, während der Großteil der Menschen tatenlos schwieg, in die Geschichte eingehen. Der 22. Februar 1943 ist der letzte Tag für Hans und Sophie Scholl. Noch heute werden Schulen nach den Geschwistern benannt, damit ihr Kampf für die Freiheit nicht in Vergessenheit gerät.

4. *siehe Lösung Nr. 3*

Textsortenumwandlung – Perspektivisches Schreiben I (A) Seite 51

2. *individuelle Lösung*; die Adjektive stehen so nicht im Text, sondern müssen zwischen den Zeilen gelesen und mit Zeilenangaben belegt werden; es sollten Gefühlsadjektive sein (z. B. eifersüchtig, schüchtern, traurig usw.).

3.

Sätze	Nummerierung
Noah begegnet beim Einkaufen Sarah.	1
Noah ist durcheinander und vergisst, den teuren Fisch mitzunehmen.	3
Noah erinnert sich an die gemeinsame Zeit mit Sarah auf der Insel im Ferienhaus.	2
Noah wird von der Fischfrau zurückgerufen und nimmt peinlich berührt seinen Seeteufel mit.	4

4. a) Kurzgeschichten beginnen in der Regel mit einem direkten Einstieg. Eine Vorgeschichte fehlt. Außerdem gibt es meist nur wenig handelnde Figuren. Oftmals wird ein Ausschnitt aus einer alltäglichen Situation näher dargestellt. Dabei gibt es einen Wendepunkt im Leben der Hauptfigur. Typisch für eine Kurzgeschichte ist ein offenes Ende.
b) *individuelle Lösung, z. B.*
Typischerweise beginnt auch dieser Text mit einem direkten Einstieg. Der Leser erfährt nicht, was vorher passiert ist und woher sich die Hauptfiguren kennen. Des Weiteren wird eine alltägliche Situation dargestellt: Ein ehemaliges Pärchen trifft sich zufällig im Supermarkt einige Monate nach ihrer Trennung wieder. Des Weiteren bleibt das Ende offen, da man nicht erfährt, ob Noah und Sarah sich noch einmal sehen oder gar kontaktieren.

5. *individuelle Lösung, z. B. Z. 29*
Noah ist auf Jörg eifersüchtig. Deutlich zu sehen ist das an folgender Textstelle: „‚Schön', sage ich, ‚schön für dich', und würde am liebsten nach Jill fragen." Er will dabei Sarah eins auswischen, indem er nach ihrer Cousine fragt, um ihr auch wehzutun.

6. *individuelle Lösung, Beispiele:*
a) Seeteufel
Er fällt mir direkt an der Fischtheke auf. Diese orange Jacke, diese dunklen Haare und die Grübchen beim Lachen sind einmalig. Er hat sich in den gut acht Monaten kaum verändert. Ich beschließe, ihn anzusprechen: „Hallo Noah!" „Hallo Sarah" Was sagt man nun? Zwei Sommer waren wir zusammen und der Fischgeruch erinnert mich ans Meer. Ich war gerne mit dir im Sommerhaus. Ob du dich noch daran erinnerst? Wir haben sogar zusammen Schiffe gebaut. Sie stehen noch auf der Fensterbank im Ferienhaus. Irgendwie redet er wohl gerade nicht so gerne. Es ist auch eine komische Situation. Plötzlich fragt mich Noah, wie es mir denn geht. Soll ich es ihm erzählen? Schließlich sollte er die Wahrheit wissen, also sage ich ihm, dass ich wieder glücklich vergeben bin. An Jörg. Irgendwie schaut Noah gerade nicht so glücklich. Das habe ich mir schon gedacht. Höflichkeitshalber frage ich, wie es ihm geht und was er macht. Doch die Bedienung der Fischtheke erlöst uns vom Small Talk. Ungewöhnlicherweise bestellt Noah einen Seeteufel. Der schaut aber nicht nett aus und ist auch sehr teuer. Seit wann kann er sich das denn leisten? Er scheint es sehr eilig zu haben und beantwortet auch meine Frage gar nicht. Vielleicht hat er wirklich gerade viel zu tun. In all dem Gedankenwirrwarr vergisst er noch den Fisch und muss noch einmal zurückkommen. Dabei würdigt er mich keines Blickes. Ist es so schlimm, dass ich einen Neuen habe? Ach Noah, sei doch nicht so. Aber vielleicht hat er es wirklich nur eilig. Zwischendrin dachte ich, dass er mir etwas sagen will. Vielleicht habe ich mich auch getäuscht.
Nachdem ich meinen Lachs gekauft habe, laufe ich nach Hause. Mit Jörg war ich noch nicht auf der Insel und im Strandhaus. Ob er auch mit mir Schiffe basteln will? Am besten frage ich ihn gleich mal.
b) *siehe Lösung B*

Textsortenumwandlung – Perspektivisches Schreiben I (B) Seite 53

❷ *individuelle Lösung;* die Adjektive stehen so nicht im Text, sondern müssen zwischen den Zeilen gelesen und mit Zeilenangaben belegt werden; es sollten Gefühlsadjektive sein (z. B. eifersüchtig, schüchtern, traurig usw.).

❸

Sätze	Nummerierung
Noah wirft den Fisch erbost in den Kanal.	6
Noah begegnet beim Einkaufen Sarah.	1
Noah ist durcheinander und vergisst den teuren Fisch mitzunehmen.	4
Noah erfährt von Sarahs neuem Freund Jörg.	3
Noah erinnert sich an die gemeinsame Zeit mit Sarah auf der Insel im Ferienhaus.	2
Noah wird von der Fischfrau zurückgerufen und nimmt peinlich berührt seinen Seeteufel mit.	5

❹ a) Kurzgeschichten beginnen in der Regel mit einem direkten Einstieg. Eine Vorgeschichte fehlt. Außerdem gibt es meist nur wenig handelnde Figuren. Oftmals wird ein Ausschnitt aus einer alltäglichen Situation näher dargestellt. Dabei gibt es einen Wendepunkt im Leben der Hauptfigur. Typisch für eine Kurzgeschichte ist ein offenes Ende.
b) *individuelle Lösung, siehe Lösung A*

❺ *individuelle Lösung, z. B.* Z. 29
Noah ist auf Jörg eifersüchtig. Deutlich zu sehen ist das an folgender Textstelle: „‚Schön', sage ich, ‚schön für dich', und würde am liebsten nach Jill fragen." Er will dabei Sarah eins auswischen, indem er nach ihrer Cousine fragt, um ihr auch wehzutun.

❻ *individuelle Lösung, z. B.*
Das Verbrennen der gemeinsamen gebastelten Schiffe stellt einen klaren Schlussstrich für Noah dar und ist befriedigend. Das Wegwerfen des Fisches lässt ihm die Begegnung und sein Verhalten vergessen. Das ganze Durcheinander, das Kaufen des viel zu teuren Fisches, was seine Stimmung ausdrückt, sind zu viel, sodass Noah den Fisch einfach loswerden will. Genauso will er auch seine Erinnerungen und Gefühle loswerden, doch das ist nicht ganz so einfach.

❼ *individuelle Lösung, Beispiele:*
a) *siehe Lösung A*
b) Hamburg, 7.8.2017

Liebes Tagebuch,
ab heute werde ich keinen Fisch mehr essen! Ausgerechnet heute musste ich im Supermarkt Sarah treffen. Es bleibt einem auch nichts erspart!
Obwohl wir uns seit gut acht Monaten nicht gesehen haben, hat sie sich kaum verändert. Genau wie damals. Durch den Fischgeruch an der Fischtheke musste ich an das Meer und Sarahs Ferienhaus denken. Dort verbrachten wir schöne Sommertage. Aber eigentlich will ich gar nicht daran denken, weder jetzt noch im Supermarkt.
Allerdings ist mir gleich aufgefallen, dass sie ihre Haare etwas kürzer trägt. Nicht so meins, aber egal, ist auch nicht mehr meine Sarah. Während wir also an der Fischtheke warten, müssen wir irgendwie miteinander kommunizieren. Blöderweise frage ich dann, wie es ihr geht. Und dann ließ sie die Bombe platzen. Sie sei nun seit gut sechs Monaten mit Jörg zusammen. So schnell wurde ich also einfach ersetzt. Am liebsten hätte ich daraufhin nach Jill gefragt und ob ich sie mal wieder sehen könnte. Aber irgendwie fehlten mir der Mut und die Lust dazu. Zum Glück war ich endlich an der Reihe. Völlig in Gedanken versunken, bestellte ich den teuersten Fisch des ganzen Supermarkts. Seeteufel. Er erinnerte mich an diesen Jörg. Ob er auch mit Sarah Schiffe baut? So wie wir damals?
Fast 40 Euro hat mich der Spaß gekostet. 40 Euro – da könnte ich locker viermal zu McDonalds, stattdessen ein überteuerter Fisch. Da meine Gedanken völlig unkontrollierbar durch meinen Kopf schossen, vergaß ich natürlich den Fisch und musste zurückgepfiffen werden. Immerhin von der Verkäuferin und nicht von Sarah. Oh Gott, es war so peinlich und irgendwie demütigend. Nun weiß sie, dass mich das alles nicht so kalt gelassen hat.
Ob sie unsere Schiffe noch hat? Mir eigentlich auch egal. Es ist vorbei, soll sie sie doch verbrennen. Ich war so sauer auf mich, auf Jörg und auf den Seeteufel. Da ich es an keinem anderen so richtig auslassen kann, habe ich den Seeteufel in den Kanal geworfen. Dort ist er sofort auf den Grund gesunken. Tot eben. So wie unsere Liebe.
Ich muss Sarah und diesen schrecklichen Tag endlich vergessen. Fisch kommt so schnell nicht wieder auf den Tisch und Seeteufel sowieso nicht! Den Supermarkt meide ich auch besser.
Ich werde wieder berichten, wenn ich vielleicht auch einen Sarah-Ersatz gefunden habe.
Bis bald!
Dein Noah

Argumentieren in Form eines Leserbriefes (A und B) Seite 57/58

In Lösung B ist darauf zu achten, dass die Zahlen aus der Statistik mit eingebaut werden.
Beispiellösung

Ort, Datum

Artikel „Handyverbote sind von gestern"
Liebe Leser,
mit großer Aufmerksamkeit habe ich den Artikel „Handyverbote sind von gestern" gelesen, denn ein Leben ohne Smartphone ist undenkbar. Des Weiteren kommt es immer wieder wegen Handyverboten in Schulen zu heftigen Konflikten. Deshalb stellt sich mir die Frage, ob Smartphones zukünftig auch an unserer Schule erlaubt sein sollten.
Nahezu 98 Prozent der Jugendlichen besitzen ein Smartphone und dieses wird auch in die Schule mitgebracht. Allerdings erlauben viele Schulordnungen die Verwendung dieser elektronischen Helfer nicht. Doch das ist, wie Frau Bogedan im Interview thematisiert, fatal und falsch, denn die Schule sollte die Jugendlichen auf die Digitalisierung und damit einhergehend eine neue Arbeitswelt mit neuen Anforderungen vorbereiten. Smartphone, Internetzugang oder aber der Umgang mit sozialen Medien spielt in sehr vielen Berufen eine zunehmende Rolle und es entstehen neue Berufe, die heute noch nicht einmal bekannt sind, aber zumindest Grund-, wenn nicht sogar Expertenkenntnisse voraussetzen.

Dabei geht es vor allem darum, dass der Umgang mit den digitalen Medien und dem Internet bereits früh spielerisch eingeführt wird und praktische Anwendungsbeispiele im Unterricht vorkommen. Denn nicht nur die konkrete Anwendung, sondern auch der Aufbau bzw. die Nutzerkenntnisse von digitalen Suchmaschinen und rechtliche Grundlagen spielen eine immer bedeutendere Rolle und unterscheiden kompetente von inkompetenten Nutzern. Da gerade Jugendliche sich nicht unbedingt von selbst damit auseinandersetzen, warum Facebook gerade diese Werbung bei Anna und eine andere bei Paul aufleuchten lässt, muss diese Aufklärungs- und Hintergrundarbeit von der Schule geleistet werden. Nur so ist ein selbstbestimmter Umgang mit den neuen Medien möglich, was vor allem für die Zukunft unserer Gesellschaft und des individuellen Lebens von Bedeutung sein wird.
Ein weiteres wichtiges Argument ist, dass die digitalen Helfer, sofern diese tatsächlich zum Arbeiten genutzt werden, ein individuelles Arbeiten ermöglichen. Jeder könnte auf seinem Niveau arbeiten und Hilfestellung bekommen, sodass es weniger Probleme beim Aneignen des neuen Stoffes gibt. Befürchtungen, dass Smartphones für die private Kommunikation genutzt werden, anstatt zu arbeiten, kann durch klare Regelungen vorgebeugt werden, die dann konsequent eingehalten werden müssen. Außerdem könnten digitale Lernprogramme, z.B. zum Abfragen von Vokabeln, eine schnellere und individuellere Rückmeldung geben. Das bedeutet aber nicht, dass der Unterricht nur noch aus den Neuen Medien besteht bzw. diese automatischen Lernerfolg garantieren.
Ich spreche mich hiermit für eine dringende Überarbeitung vieler Schulordnungen aus, sodass Smartphones und Internetnutzung Einzug in alle Klassenzimmer hält. Dennoch finde ich es wichtig, dass Lehrkräfte stets über einen sinnvollen Einsatz der neuen Medien nachdenken, sodass PCs und Smartphones eine Option, aber nicht die alleinige Lösung darstellen. Alles in allem bedeutet das aber auch eine erhöhte Investition in Bildung und Schulen, um die Digitalisierung voranzutreiben. Fraglich, ob das so möglich ist, wie Frau Bogedan es voraussagt, wo doch in einigen Schulen nicht einmal funktionierende Sanitäranlagen vorzufinden sind.
Mit freundlichen Grüßen
...

Textsortenumwandlung – Perspektivisches Schreiben II (A und B) Seite 61/62

❷ *Schreibplan: individuelle Lösung*
Individuelle Lösung, z.B. aus der Sicht von Lukas
Pflicht zur Wahrheit?
Irgendwie ist mit sofort klar gewesen, dass das Flaschendrehen noch für Ärger sorgen wird, aber trotzdem spiele ich mit und stehe gespannt vor der Badezimmertür. Ob Fabian Janina wohl gerade küsst? Oder stehen die beiden nur blöd nebeneinander rum?
Als nun endlich die Tür aufgeht, kommen die beiden Turteltäubchen heraus. Janina ist das begehrteste Mädchen der Schule, kein Wunder, dass Fabian so grinst. Was ist denn da los? Warum tuscheln die Mädchen so? „Alles okay?", frage ich Fabian. „Klar", sagt er, ohne mich anzusehen. Hmmm, irgendwie ist er nun komisch. Mist, die Flasche zeigt nun auf mich. Bevor ich auch mit Janina ins Bad muss, nehme ich lieber Wahrheit. Es war so klar, dass so eine zweideutige Frage kommen muss. Janina will wissen, wen ich lieber küssen würde, Ellie oder Fabian. Aber diesen Spaß mache ich mir. Also grinse ich schamlos und sage laut: „Fabian!"
„Würdest du mit Fabian zum Knutschen ins Bad gehen?" Was soll denn diese blöde Frage nun? Außerdem ist das schon die zweite Frage. War die Frage echt ernst gemeint? Na ja, die anderen sehen ja nicht, was wir im Bad machen. Noch ehe ich es verhindern kann, antworte ich: „Kommt drauf an, was Fabian dazu meint." Ich schaue zu ihm rüber. Alle schauen ihn an. Es ist still im Raum. Was will Janina nur? Warum ist sie so? War der Kuss nicht gut genug für sie, oder was? Fabian ist sauer, das merke ich bereits an seiner Körperspannung. Wütend springt er auf und brüllt: „Ich knutsche doch nicht mit 'nem Kerl rum! Mir reicht die Kinderkacke hier!" Noch bevor ich etwas sagen konnte, stürmte er aus dem Haus. Ich blicke aus dem Fenster. Es schneit. Im Raum ist es still. Das habe ich nicht gewollt. Alle schauen mich fragend an. „Was? Wer hat denn die blöden Fragen gestellt? Ich wohl kaum. Fabian hat recht, diese Kinderkacke hier ist albern!" Also stehe ich auf und will gehen. An der Garderobe sehe ich Fabians Jacke. Bei dem Wetter ist ihm bestimmt kalt, deshalb nehme ich sie mit. Ich werde ihn suchen und das Missverständnis klären. Es war doch nur ein Spaß! Neben der Haustür entdecke ich einen Basketball. Vielleicht können wir beim Spielen ein bisschen quatschen und das alles klären. Es ist komisch, Fabian vor der Tür anzutreffen. Er scheint zu frieren, will aber natürlich die Jacke nicht annehmen. Bestimmt, weil ich sie ihm gebracht habe. Wer weiß, was nun die anderen denken. Ach, ich habe Lust, ein paar Bälle zu werfen. Vielleicht kann ich mich dann etwas beruhigen. Oh ja, das tut richtig gut. Basketball ist eben mein Leben. Aber hey, Fabian spielt auch nicht schlecht. Okay, ein wenig aggressiv, aber vielleicht bringt ihn das Spiel etwas runter. Er scheint echt angepisst zu sein. Auf einmal rempelt er mich so stark an, dass ich in den Schnee falle. Ich spüre, wie die Kälte durch meine Klamotten dringt. Fabian über mir. Was schaut er denn so herablassend, als ob ich ein Tier wäre? Das hat echt wehgetan. Der spinnt doch völlig. Beim Aufstehen frage ich wütend: „Geht's dir jetzt besser?"

Eine Satire verstehen (A) Seite 64

❷ a) Es werden vor allem Männer kritisiert.
b) *individuelle Lösung, z.B.* ihre fehlende emotionale Seite, ihr ungepflegtes Äußeres, ihr Modeverhalten, ihre Untreue, ihre Oberflächlichkeit, ihr Sexualverhalten, ihre Unordnung usw.

❸ a) *individuelle Lösung, z.B.*
„Sie sind so süß und unschuldig und würden niemals beim Anblick einer Dame einen Gedanken an Sex verschwenden." (Z.11 + 12)
b) Gemeint ist das genaue Gegenteil. Männern wird unterstellt, dass sie Frauen vor allem auf ihr Äußeres reduzieren und dabei oft an Sex denken.

❹ *individuelle Lösung, z.B.*
Faul vor dem Fernseher rumzusitzen ist gar nichts für sie. (Z.15 + 16)
Nicht jeder Mann ist grundsätzlich faul und schaut Fernsehen. Einige Männer besitzen gar keinen Fernseher und sind sehr aktiv.

❺ Alle Sätze meinen genau das Gegenteil vom Geschriebenen.

❻ *Beispiel:*
„Sie sind flink wie eine Maus und räumen jede kleinste Ecke des Hauses auf, dass nicht einmal ein Krümel zu finden ist." (Z. 14 + 15)

❼ b) *Individuelle Lösung – kann sowohl bejaht als auch verneint werden.*
c) *individuelle Lösung*

❽ b) In der Satire wird Pink eindeutig mit Frauen in Verbindung gebracht. Die Barbiepuppe verkörpert dabei das Klischee einer pink gekleideten Frau.
c) *Individuelle Lösung – kann sowohl bejaht als auch verneint werden, z. B.*
Ich bin der Meinung, dass auch Männer bzw. Jungs die Farbe Pink tragen können. Auch wenn Pink oder Rosa zunächst typische Mädchen- oder Frauenfarben zu sein scheinen, kann doch jeder tragen, was er möchte.

Eine Satire verstehen (B) — Seite 66

❷ *siehe Lösung A, Nr. 2 a) b)*

❸ In der Satire „Das charmanteste Wesen auf der Welt" von Kübra Tsagkir Deleri aus dem Jahr 2011 werden Männer auf ironische Weise kritisiert.

❹ *siehe Lösung A, Nr. 3 a) b)*

❺ *siehe Lösung A, Nr. 4 a) b)*

❻ *siehe Lösung A, Nr. 5 a–c*
d) Auch hier ist diese Übertreibung nicht ernst zu nehmen. Auch ein Mann wird mal faul vor dem Fernseher sitzen, z. B. nach einem Tag harter Arbeit. Gleichzeitig kann ein Mann auch total fleißig sein und muss auch nach getaner Arbeit noch seinen Haushalt führen und z. B. waschen, kochen oder bügeln.

❼ *siehe Lösung A, Nr. 6*

❽ *siehe Lösung A, Nr. 7*

❾ *individuelle Lösung, z. B.*
„Bei einem Liebesfilm weinen sie ein Meer aus Tränen und wir Frauen schließen sie in unsere Arme und übernehmen die Rolle des Trösters." (Z. 2 + 3)

❿ *siehe Lösung A, Nr. 8*

⓫ *individuelle Lösung – man kann zustimmen oder es ablehnen, z. B.*
Ich finde den Text sehr einseitig und klischeehaft. Männer werden in ihren Eigenschaften sehr negativ beurteilt und nicht jeder Mann ist so, wie im Text beschrieben. Deshalb kann ich Tharan nicht zustimmen. Außerdem sind auch nicht alle Frauen so positiv und gefühlvoll, wie im Text erwähnt. Ich finde den Text, auch wenn er eine Satire ist, nicht richtig.

⓬ a) *individuelle Lösung, z. B.* Frauen können schlecht Auto fahren und Frauen reden ohne Punkt und Komma den ganzen Tag.
b) *individuelle Lösung, z. B.* Frauen bekommen außerdem nie den Mund auf. Außerdem können Frauen super einparken, insbesondere rückwärts.

Einen Sachtext verstehen (A) — Seite 69

❷ Kreuze an, welche Aussagen richtig oder falsch sind.

Aussage	richtig	falsch
Das Smartphone wird in Zukunft den klassischen Fernseher ersetzen.		x
Seit Mitte des 20. Jahrhunderts wurde der Fernseher zu einem Massenprodukt und ist dies nach wie vor.	x	
Mehrere Millionen neue Fernseher werden jedes Jahr weltweit verkauft.	x	
Serien zu streamen, kostet bei den privaten Anbietern Geld.	x	
Fernsehgeräte werden sich in Zukunft stark verändern.	x	
3-D-Fernseher sind das Highlight in jedem Wohnzimmer.		x
Neue Möglichkeiten der Erlebniswelt Fernsehen ergeben sich durch Virtual-Reality-Brillen.	x	

❸ *Beispiellösung:*
a) Der Verband spricht von einer Zeitenwende, da Geräte neue Programme und Funktionen (z. B. Internetnutzung) mit sich bringen und das Fernsehen verändern.
b) Vieles verändert sich in der Fernsehlandschaft. Durch private Streaminganbieter wie Netflix oder Amazon geraten traditionelle Sender unter Druck, da Zuschauer nun andere Ansprüche verfolgen.
c) Es wird zukünftig nur noch Fernseher mit Internetanschluss geben, um das Streamen zu erleichtern. Außerdem werden Fernseher nicht mehr so viel Raum einnehmen und in ihrer Gestalt flexibler sein, z. B. „Verschmelzung" mit Fenstern oder Möbeln; auch ausrollbare Modelle oder faltbare Displays sind in Zukunft vorstellbar.

❹ a) vortäuschen, b) vertraglich festgelegter Zahlbetrag für den meist zeitlich begrenzten Bezug einer Zeitung/Zeitschrift o. Ä., c) Trend, d) Bewegung

❺ *individuelle Lösung, z. B.* Das Fernsehen der Zukunft wird eine Verschmelzung aus Internet, Fernsehen und Videos sein. Außerdem werden Virtual-Reality-Brillen dazu beitragen, dass man mit allen Sinnen am Programm teilnimmt.

❻ *individuelle Lösung, z. B.* Der Autor scheint von dieser Entwicklung begeistert zu sein („lange, spannende Geschichte"), da es uns aktuell unvorstellbar erscheint, dass so etwas möglich ist („als wir es uns je vorstellen können"). Des Weiteren werden nur die positiven Aspekte dieser Entwicklung genannt. Gefahren oder aber gesundheitliche Risiken bleiben außen vor.

❼ a) *individuelle Lösung, z. B.* Das Zitat besagt, dass das Fernsehen nicht gerade bildet, sondern einen eher verblöden lässt und z. B. Szenarien thematisiert, die in der Realität so selten vorzufinden sind.
b) *individuelle Lösung, z. B.* In Zukunft wird es kein vorgeschriebenes, lineares Fernsehprogramm mehr geben, sodass jeder nach Interesse sein TV-Programm selbst zusammenstellen kann und sich ggf. wirklich bilden könnte.

Einen Sachtext verstehen (B) Seite 71

❷ *siehe Lösung A, Nr. 2*

❸ *siehe Lösung A, Nr. 3 a–c*
d) *individuelle Lösung, z. B.* Mit Virtual-Reality-Brillen könnte man die virtuellen Filmwelten besser mit den eigenen Sinnen erfassen, sodass das Fernsehen nicht mehr ein ausschließlich passives Erlebnis darstellt, sondern zu einem gefühlt aktiven Erlebnis wird.

❹ *siehe Lösung A, Nr. 4 a–d*
e) Wirklichkeit f) über (z. B. im Sinne von via Smartphone skypen)

❺ *individuelle Lösung, z. B.* Der Autor steht dem Ganzen sehr offen und positiv gegenüber, wie man z. B. an folgender Textstelle sehen kann: „Das Fernsehen der Zukunft wird vor allem ganz anders sein. Nicht nur, dass TV, Video und Web in wenigen Jahren vollständig miteinander verschmolzen sein werden. Wir werden auch Dinge zu sehen bekommen, die uns in eine lange, spannende Geschichte hineinziehen, bei der es uns die Technik ermöglicht, mit mehr Realismus mitten in der Story zu sein, als wir es uns je vorstellen konnten." (Z. 20 ff.)

❻ *individuelle Lösung, z. B.*
Das Fernsehen der Zukunft wird tatsächlich anders sein als heute. Nichtsdestotrotz wird das Smartphone keine Fernseher ersetzen. Allerdings könnten wir Smartphones benutzen, um diese zu bedienen. Alle Fernsehgeräte der Zukunft werden über einen Internetanschluss verfügen. Außerdem werden die Geräte sich verändern und beispielsweise mit Möbeln verschmelzen und faltbare oder rollbare Displays haben, sodass man Platz sparen kann. Auch wird es keine Fernbedienungen im klassischen Sinne mehr geben, da die Steuerung über das Smartphone oder aber Gesten erfolgt. Durch Streamingprogramme kann jeder auch jetzt schon selbst entscheiden, wann er was sehen möchte. So gibt es kein vorgeschriebenes Programm mehr, stattdessen kann jeder individuell wählen, was er sehen möchte.

❼ *individuelle Lösung, z. B.*
a) Das Fernsehprogramm früher war theoretisch für alle gleich. Unterschiede gab es natürlich darin, ob man die Serie auch mochte und schaute, aber prinzipiell gab es keine individuellen Möglichkeiten.
b) Heute bzw. in Zukunft wird das Fernsehprogramm sehr individuell wählbar sein. Das bedeutet, dass eine Generation nicht mehr unbedingt dieselben Filme bzw. Serien schauen muss. Sicherlich gibt es Trends, aber diese sind in der Regel so vielseitig und auch zeitintensiv, dass man es wohl nicht schaffen wird, alles parallel zu schauen.

Lyrik verstehen (A) Seite 73

❷ *Beispiellösung:*
In dem Gedicht „Von Montag früh bis Wochenend" von Mascha Kaléko aus dem Jahr 1933 geht es um die Auswirkungen des anstrengenden Arbeitsalltags auf das Leben der Menschen.

❸ a) Das Gedicht hat einen regelmäßigen Aufbau. Es besteht aus drei Strophen mit jeweils zehn Versen.
b) Das lyrische Ich beklagt den harten Arbeitsalltag.
c) Das Gedicht beschreibt einen typischen Arbeitsalltag von montags bis freitags.
d) Das lyrische Ich ist nach dem Arbeiten zu antriebslos, um Träume und Ziele umzusetzen.

❹ *individuelle Lösung, z. B.*
Das lyrische Ich beklagt die Aufopferung des eigenen Lebens für die Arbeit. Sie nimmt offenbar viel Zeit und Kraft in Anspruch, zumindest von montags bis zum Wochenende. Danach kommt eine kurze Erholungsphase, bevor es wieder von vorne beginnt. Das lyrische Ich hat also ein negatives Verhältnis zur Arbeit, fühlt sich gehetzt und ruhelos.

❺ *individuelle Lösung, z. B.*
Die Arbeit ist offensichtlich sehr zeitraubend und anstrengend. In jungen Jahren muss man hart arbeiten, ist von montags bis freitags im Dienst und hat kaum Zeit oder Kraft für Freizeitbeschäftigungen. Am Ende eines Arbeitslebens hat man zwar mehr Zeit, ist aber durch die vielen Arbeitsjahre abgearbeitet.

❻ In V. 17 + 18 heißt es: *„Für die ‚höheren Interessen' ist man meistens viel zu müd!"*
a) *individuelle Lösung, z. B.* ausgehen, Freunde treffen, lesen, eine Ausstellung besuchen
b) Die Arbeit scheint sehr kräfteraubend und anstrengend zu sein, sodass man die wenige Freizeit zur Erholung braucht.

❼ *individuelle Lösung, z. B.*
a) In dem Gedicht klagt das lyrische Ich an, dass man offensichtlich nur lebt, um zu arbeiten. Denn direkt in der ersten Strophe heißt es: „Morgens raus zum Dienst am Kunden, Denn so will es der Beruf, Weil zum Sklaven der acht Stunden uns der liebe Gott erschuf." (V. 1–4)
b) *individuelle Lösung, z. B.*
Mittelpunkt des Lebens scheint die Arbeit zu sein, die viel Zeit und Kraft frisst. Nach einem Achtstundentag, bleibt wenig Freizeit, da man viel zu müde ist bzw. Haushalt und Co. erledigen muss. Vom schönen Leben hat man offenbar nicht viel. Arbeitet man weniger oder nicht so wie verlangt, wird man schnell ersetzt, was Kritik oder aber eine Veränderung erschwert. Am Ende des Lebens ist man also müde und abgearbeitet, sodass mit einem frühen Tod zu rechnen ist und lediglich noch Zeit für das Testament bleibt.

❽ *individuelle Lösung, z. B.*
Das ist stark vom Beruf und dem Lebensort abhängig. Aber auch heute noch leben viele Menschen, um zu arbeiten. Das liegt daran, dass die Lebenshaltungskosten hoch sind und man deshalb viel arbeiten muss, um sich ein „gutes" Leben leisten zu können. Viele Menschen arbeiten Vollzeit und das unter schweren Bedingungen. Ein Abstand zur Arbeit ist im Zeitalter der Digitalisierung kaum möglich, man erscheint in manchen Berufen 24 Stunden erreichbar bzw. im Einsatz zu sein. Die zunehmende Digitalisierung und permanente Erreichbarkeit verstärkt dieses Phänomen. Nach wie vor gibt es stets starke Konkurrenz, sodass man in seinem Beruf gern 110 % gibt und bei Krankheit oft dennoch arbeiten geht, um diesen nicht zu verlieren. Freizeitaktivitäten kommen dabei oft zu kurz.

❾ a) D erscheint am sinnvollsten.
b) Zitat D erscheint am sinnvollsten, da es ähnlich wie das Gedicht die Arbeitstage beklagt und negativ dastehen lässt.

Lyrik verstehen (B) — Seite 75

❷ *siehe Lösung A, Nr. 2*

❸ *individuelle Lösung, z. B.*
a) Das Gedicht besteht aus drei Strophen mit jeweils zehn Versen. In den ersten beiden Strophen liegt jeweils in den ersten acht Versen durchgängig ein Kreuzreim vor. Lediglich in der dritten Strophe sind es nicht mehr durchgängig Kreuzreime. Die letzten beiden Verse in den ersten zwei Strophen bestehen aus einem wortgleichen Paarreim.
b) Das Gedicht thematisiert den Ablauf und die Anstrengungen eines Arbeitsalltags im Verlauf eines Lebens im Jahr 1933.
c) Das lyrische Ich beklagt die Gesamtsituation, die auch es selbst betrifft.
d) Dreh- und Mittelpunkt des Lebens des lyrischen Ichs scheint die Arbeit zu sein, die negative Auswirkungen auf die Freizeit und die Gefühlslage hat.

❹ *siehe Lösung A, Nr. 4*

❺ *Beispiellösung:*
„Morgens raus zum Dienst am Kunden, denn so will es der Beruf, weil zum Sklaven der acht Stunden uns der liebe Gott erschuf." (V. 1–4)
„Seht uns nur an: Da rackert man und rennt von Montag früh bis Wochenend!" (V. 9 + 10)
„Ach, uns kommt es manchmal hoch!" (V. 24)
„Menschen sind nicht Mangelware: Wer ergraut, wird abgebaut!" (V. 27 + 28)

❻ *siehe Lösung A, Nr. 7 a) b)*

❼ *siehe Lösung A, Nr. 8*

❽ b) *Beispiellösung:*
Auch das Gedicht sagt, dass man ein Arbeitssklave sei (vgl. V. 3) und man kaum Zeit für sich bzw. die Freizeit hat, da man dann auch zu erschöpft von der Arbeit ist und Erholung braucht. (vgl. V. 17 + 18)
Das lyrische Ich im Gedicht klagt die Umstände nur an, findet aber keine passende Lösung für sich. Das ist in dem Kommentar anders. Manuel hat die Problematik des Arbeitens erkannt und schränkt sich lieber ein, anstatt zu arbeiten. Der Sozialstaat ermöglicht es ihm.
c) *individuelle Lösung, Beispiel:*
Manuels Ansicht ist sehr unreflektiert, da z. B. die Komponente „auf der Arbeit Leute mit ähnlichen Interessen kennen lernen" fehlt und auch Ansprüche und Wünsche mit dem Alter steigen.

Name: ______________________________ **Datum:** _____________ **Klasse:** ______

Quellenverzeichnis

Literatur

Clemens Brentano: Der Spinnerin Nachtlied, 1802, gemeinfrei

Franz Kafka: Der Nachbar. Frankfurt am Main 1969, S. 345–347, gemeinfrei

Mascha Kaléko: Die paar leuchtenden Jahre. © 2003 dtv Verlagsgesellschaft, München.

Sybille Möckl: Schneller gesund werden – Glückliche Menschen leben länger. FOCUS Online vom 15.07.2013. URL: https://www.focus.de/gesundheit/ratgeber/psychologie/tid-32312/schneller-gesund-werden-die-biologie-des-gluecks_aid_1041048.html

Kübra Tsagkir Dereil: Das charmanteste Wesen auf der Welt, 2011

Marlene Röder: Melvin, mein Hund und die russischen Gurken © 2011 Ravensburger Buchverlag Otto Maier GmbH

Handyverbote sind von gestern: SPIEGEL 46/2016.

Bildnachweise

S. 9, 10:	Frau an Maschine © Kzenon – Fotolia.com
S. 11, 12:	Roboter spielt Schach © Sergey – Fotolia.com
S. 14:	Katzenauge © caridina – Fotolia.com
S. 15:	Bahn © den-belitsky – Fotolia.com
S. 22–24:	Lachende Personen © oneinchpunch – Fotolia.com
S. 25:	Wandtelefon © vasi_100 – Fotolia.com
S. 31:	Mond © Zacarias da Mata – Fotolia.com
S. 41:	Flüchtlinge © Jonathan Stutz – Fotolia.com
S. 43:	Düne: www.pixabay.com, gemeinfrei
S. 44:	Fenster © Visions-AD – Fotolia.com
S. 49/50:	Papierschiffe © chones – Fotolia.com
S. 54:	Schüler Smartphone © PR Image Factory – Fotolia.com
S. 59:	Flaschendrehen © nullplus – Fotolia.com

Jederzeit optimal vorbereitet in den Unterricht?

»